FRANÇOIS VIAULT

ULTRAMAR

SENSATIONS D'AMÉRIQUE

ANTILLES — VÉNÉZUELA — PANAMA — PÉROU
CORDILLÈRES — ÉQUATEUR

PARIS
SOCIÉTÉ D'ÉDITIONS LITTÉRAIRES
4 — RUE ANTOINE-DUBOIS — 4

1895
Tous droits réservés.

P
928

ULTRAMAR

DU MÊME AUTEUR

Notes et impressions recueillies en Angleterre, en Belgique et en Hollande. 1 vol. in-18. — Bordeaux, 1882.

La vie sur les hauteurs. 1 vol. de l'*Encyclopédie des Aides-mémoire*. — (Sous presse).

FRANÇOIS VIAULT

ULTRAMAR

SENSATIONS D'AMÉRIQUE

ANTILLES — VÉNÉZUELA — PANAMA — PÉROU
CORDILLÈRES — ÉQUATEUR

PARIS
SOCIÉTÉ D'ÉDITIONS LITTÉRAIRES
4 — RUE ANTOINE-DUBOIS — 4

1895
Tous droits réservés.

A la Limeña

Señora Doña R. MERCEDES DE SEMINARIO

DEDICA ESTE LIBRITO

El autor
F. VIAULT

PRÉFACE

L'Amérique du Sud n'est pas, comme les vieilles Terres de l'Ancien Monde, un pays saturé d'histoire et de civilisation, où l'artiste, le poète, le philosophe trouvent dans chaque pierre un témoin d'un passé glorieux ou sinistre, où la poussière des siècles peut s'animer à la voix de l'historien étudiant les vicissitudes des Empires et les traces des civilisations submergées.

Sans doute, des sociétés humaines y ont jadis, dans des passés très lointains, réalisé certaines formes politiques et sociales dont le vent de la Conquête a balayé les derniers restes. Mais ce qu'on sait, légende autant qu'histoire, de ces floraisons humaines, aujourd'hui disparues, ne saurait offrir le même intérêt qu'un passé qui nous touche de plus près.

Car, grâce au zèle de nos archéologues, à la science de nos historiens, Rome ancienne, la Grèce, la Perse, Ninive, Babylone, l'antique Egypte, tout cela est sorti du tombeau, comme Lazare à l'évocation du Maître qui lui crie : *Surge et ambula !* Et grâce à notre génie, héritier de cette antiquité, tout cela revit et palpite dans nos souvenirs, à l'égal, presque, de l'actualité contemporaine. Du fond des Hypogées des bords du Nil soixante siècles nous répondent, et à chaque découverte nouvelle, faite dans ce sol sacré, nous suivons avec une curiosité palpitante, les travaux de nos savants *interwiewant*, d'une science sûre, des momies de six mille ans, sur les personnnes et les choses de ces temps prodigieusement anciens.

Il n'en va pas ainsi de l'Amérique. Nous n'avons aucune affinité avec ses anciennes civilisations dont les rares monuments nous laissent froids, et les momies de ses *huacas* sont muettes.

Mais là où l'Histoire se tait, la Nature immortelle et toujours jeune parle aux yeux et à l'esprit, et raconte aussi des merveilles. Aussi ce pays reste-t-il, pour le voyageur et le naturaliste, un inépuisable champ d'études.

Après les La Condamine, les Humboldt, les d'Orbigny, les Boussingault, les Agassiz et tant d'autres savants qui l'ont parcouru et décrit, j'ai eu aussi l'honneur d'y être envoyé, en missionnaire de la Science, pour essayer d'y pénétrer, par l'étude sur place, un des arcanes les plus curieux d'une nature encore fertile en mystères : comment l'homme arrive-t-il à vivre, dans l'air raréfié des hauts lieux, non d'une vie précaire et chétive (comme tendait à le faire croire certaine théorie (1), aussi séduisante

---

(1) Théorie de l'*anoxyhémie* ou *anémie barométrique*.

que fausse, déduite d'expériences faites aux bas niveaux), mais d'une vie énergique et vivace, qui permet aux indigènes des Andes de bâtir des villes (1), de construire des chemins de fer (2), de creuser des tunnels (3), d'exploiter des mines (4), de chasser la vigogne à des altitudes invraisemblables de près de cinq mille mètres au-dessus de la mer ?

J'ai eu l'heureuse fortune de trouver la raison de cette apparente anomalie et de rapporter des hauts plateaux de la Cordillère une découverte qui a pris place dans la science biologique.

Cette découverte, je l'ai exposée ailleurs et ce n'est pas pour la raconter de nouveau que j'écris ces lignes.

Mais il n'est pas défendu au savant de quitter parfois les régions sereines, où plane la science pure, pour prendre pied sur la terre et y marcher comme les autres hommes. C'est le récit de ce voyage parallèle que je veux faire. J'ai fermé le registre technique et solennel du savant : j'ouvre le modeste carnet du voyageur et, sur ses pages crayonnées au jour le jour, je retrouve les esquisses, les descriptions, les simples notes prises un peu partout, véritables instantanés par lesquels j'ai cherché à fixer dans mes souvenirs quelques tableaux de cette puissante Nature, à noter les sensations éveillées en mon esprit par quelques-unes

---

(1) *Cerro-de-Pasco*, 12,000 habitants à 4,392 mètres au-dessus de la mer.

(2) Chemins de fer transandins de *La Oroya*, *Puno*, etc.

(3) Tunnel d'*Antarargra* à 4,740 mètres.

(4) La plus élevée qui ait jamais existé paraît être l'ancienne mine d'*Ananea* à 5,210 mètres (Raymondi).

des grandes scènes qui s'y déroulent: La Mer, la Montagne, la Forêt-Vierge, la Pampa.

De la plante humaine, la *pianta uomo*, qui pousse en ces climats et qui ne saurait être séparée d'une Nature dont elle est un produit, comme le *Cinchona officinalis* ou le *Theobroma cacao*, j'ai parlé aussi à l'occasion, moins en savant qu'en simple collectionneur de types humains.

Si cette littérature de voyageur, débarrassée des tartarinades qui l'assaisonnent trop souvent et des insignifiances qui l'exténuent plus souvent encore, vaut si peu que ce soit, elle le devra à son humilité même. La Nature est toujours assez belle sans ornements et si, à défaut du pinceau prestigieux d'un Michelet, je n'ai eu que le modeste crayon d'un touriste, je puis du moins, au bas de cette collection de croquis exotiques réunis pour mon agrément et celui de quelques amis, inscrire la vieille formule des dessinateurs sincères : *ad naturam delineavit* F. VIAULT.

ULTRAMAR

En mer, 10 août 1889.

. . . .
. . . .
. . . .

14 août.

..... Je rêvais vaguement à je ne sais quoi, dans l'état de prostration intellectuelle et physique, de demi-stupidité, qui accompagne toujours le mal de mer, même le plus léger. Etendu sur ma couchette où me berce un faible roulis, je suivais machinalement, l'œil comme hypnotisé, les reflets mobiles et changeants que fait le soleil sur les vagues et dont l'image miroitante danse légèrement au plafond gris de la cabine. Ainsi que ces malicieux écoliers qui s'amusent, avec des tessons de miroir, à projeter dans les yeux des paisibles bourgeois, assis près de leur fenêtre, des rayons aveuglants, la mer m'envoie, à travers le hublot, les étincellements du soleil qui flamboie dehors et que réfléchit sa surface, perpétuellement agitée, comme un immense miroir aux alouettes.

Je ne pouvais détacher mon regard fasciné par ces passes lumineuses, et comme chez ces malades, atteints de délire tranquille, qui comptent et recomptent obstinément les plis de leurs rideaux ou les fleurons de la tapisserie, ma pensée falote et indécise s'absorbait, par une invincible obsession, dans la contemplation de cette interminable théorie d'ombres et de rayons qui papillottent devant mon œil. Depuis des heures sans doute, l'ombre de ma pensée comptait ainsi ces ombres de vagues, sans se lasser, sans s'apercevoir de la durée, la notion du temps s'effondrant vite dans la monotonie engourdissante des impressions uniformes.

Tout à coup, vers midi, une sensation étrange, si vaguement perçue qu'on ne peut l'analyser, vient retirer mon esprit de ce calme de Fakir. C'est comme un malaise indéfinissable et qui vous apeure. Puis bientôt, il n'y a plus de doute, on se rend compte : c'est le bateau qui, sans qu'on s'y attende, vient de perdre sa vive allure et n'avance plus qu'en vertu de la vitesse acquise. Il glisse de plus en plus lentement, d'une progression uniformément ralentie jusqu'à devenir insensible, puis s'arrête, à bout d'impulsion, impuissant, paralysé.

Comme ces aphasiques dont la pensée et la volonté bouillonnent encore et se traduisent en grimaces d'impatience et de rage, mais dont la langue ne parle plus, la machine ronfle toujours, mène un bruit d'enfer, mais ne fait rien qui vaille, l'hélice reste inerte. En vertu de l'intime solidarité qui unit le passager à son bateau, qui le fait participer, comme un cavalier sur sa monture, à ses moindres mouvements, on a vite la sensation de quelque chose de détraqué dans cette grande carcasse de paquebot.

La chose vient d'arriver et l'alarme est déjà partout. A travers la cloison en jalousies qui sépare ma cabine du grand couloir, j'entends les exclamations, les interrogations, les réflexions peu rassurantes qu'échangent des passagers qui vont aux nouvelles.

— *Dios mio que se pasa?* gémit dans la cabine voisine une dame bolivienne entre deux nausées.

— *Ga-çon qu'est-ce qui a-ive?* questionne, d'une voix étranglée et sans perdre son accent d'incroyable, un créole de la Martinique.

— Je ne sais pas, Monsieur, réplique celui-ci sans paraitre très effrayé, peut-être quelque avarie aux machines.

— Une avarie? dis-je à mon tour !

Eh ! Caramba ! sait-on jamais ce qui peut en résulter sur un vieux sabot comme le nôtre, surtout quand on est novice comme moi ?

Et je vois déjà, dans une vision rapide, bien que nous n'ayons ni touché un écueil, ni été abordés (mais a-t-on le temps de réfléchir quand on a peur?) je vois déjà une voie d'eau qu'il est impossible d'aveugler, tout l'équipage et les passagers aux pompes, la lutte bientôt inutile, le navire s'enfonçant peu à peu, l'avant d'abord, puis l'arrière, les embarcations à la mer, les passagers se précipitant en tumulte, affolés, se bousculant avec une égoïste férocité, le capitaine impassible, héroïque, le révolver au poing, commandant en paroles brèves et restant le dernier à son poste, bref, toutes les péripéties du naufrage classique. Brr... Cela me fait froid dans les moelles, et je jette un coup d'œil involontaire aux ceintures de liège suspendues au plafond de la cabine, comme si ces engins primitifs, simple *memento mori*, servaient jamais à quelque chose.

Rappelé à la réalité de la situation par la vue de ces chapelets de vieux bouchons dont l'entrechoquement silencieux prend soudain, à mon ouïe hallucinée, l'acuité grêle d'un carillon d'alarme, je me soulève sur ma couchette d'angoisse. Je ne puis pas rester là plus longtemps, affalé comme un paquet. Il faut aller voir. D'ailleurs, je me sens guéri.

Le mal de mer qui me tenait depuis quatre jours, dans son pouvoir, a disparu comme par enchantement. Rien comme le *trac* pour guérir une infinité de maux.

Sur le pont, les passagers forment des groupes où les commentaires vont leur train :

— C'est l'arbre de couche qui est cassé, dit l'un.

— Non, c'est un tuyau de vapeur qui est crevé, réplique un autre.

— Et le commandant que dit-il? demande une passagère anxieuse.

— Le commandant fait son métier et ne dit rien, répond un bourru.

— Pardon, madame, affirme un galant, il assure que dans quelques heures nous pourrons repartir.

Puis le monsieur qui a toujours une histoire topique, à propos de chaque événement, nous raconte que le *Labrador*, à son dernier voyage, avait cassé son arbre de couche; il allait depuis douze jours à la dérive, quand le *Canada* l'a rencontré, par hasard, et l'a remorqué à la Martinique.

— Heureusement, dit-il, en forme de conclusion, les Açores ne sont qu'à soixante milles (110 kilomètres), etc.

Cependant, on entend des bruits de forge, et un calme de bon augure règne parmi l'équipage. Mais les heures passent et nous ne partons toujours pas. Une vague inquiétude commence à poindre. Le temps a beau être splendide, la mer admirable, on reste maintenant indifférent à leur beauté. Les fronts se rembrunissent et plus d'un, qui ne le dit pas, voudrait bien s'en aller. C'est le moment où l'on fait des réflexions et si le corps est prisonnier, l'âme prend son vol et s'échappe.

..... Ainsi c'est bien moi, le docteur François Viault, homme paisible et casanier, peu né, semblait-il, pour les aventures, qui me trouve, en ce moment, sur le pont de l'*Amérique*, capitaine Dardignac, par 40 degrés de latitude nord et 30 degrés de longitude ouest, en route pour le Nouveau-Monde et provisoirement, je l'espère du moins, en panne au beau milieu de l'Océan? Je me tâte, pour ressaisir la conscience encore obscurcie de ma personnalité, et je retrouve bien la place et le compte de mes membres; je me parle haut, et c'est une voix familière que mon oreille entend; je me regarde dans la glace du fumoir et je vois des traits qui me sont bien connus. Il n'y a pas à dire, c'est bien moi, *ipse, ipsissimus*.

Mais pourquoi, comment, et qu'ai-je pu venir faire dans cette galère?

— Serais-je victime d'une mauvaise plaisanterie, et quelque génie malfaisant et sournois m'aurait-il transporté, à mon insu, en pleine mer, sur un paquebot transatlantique?

Non, sans doute; le bon temps des génies est passé.

— Quoi alors? Pourtant je ne dors pas.

— Serais-je, par hasard, en état de somnambulisme ? Serais-je un suggestionné, un hypnotisé qui a perdu la conscience de son existence antérieure, de sa *condition première* et qui est emporté par l'impulsion irrésistible d'un cerveau déséquilibré, comme on le voit tous les jours parmi les coureurs du monde ?

Je me le demande et cependant il me semble bien que je ne suis pas une force qui va, fatale, aveugle, inconsciente d'elle même. Mais qui raisonne plus spécieusement qu'un fou ?

Pourtant, comment suis-je là ? A quel mobile ai-je pu obéir — moi, un terrien endurci, que rien ne prédestinait aux lointains voyages — pour me trouver maintenant, par le travers des Açores, sur le bateau qui mène en Amérique ? Oui, comment suis-je là ?

— Voilà que cette question m'épouvante. Oh! ma tête! Et personne, parmi tous ces visages inconnus, qui puisse me répondre et venir en aide à mon esprit en détresse.

L'ennui, la gloire, l'amour, la poursuite de la fortune, ou la simple fantaisie d'un esprit curieux et hardi, il y a de tout cela dans la psychologie des *globe trotters*, ces gens qui partent un beau matin, pour faire ou refaire le Tour du Monde. Est-ce l'un de ces ressorts qui m'a aussi donné l'impulsion que je subis maintenant, impuissant et passif, comme un caillou lancé par la fronde, qui poursuit dans l'espace son immuable parabole? Je ne saurais dire, et si étrange que cela paraisse, je ne m'en souviens plus en ce moment. Dans les casiers bouleversés de mon esprit, rien n'est plus à sa place et ma personnalité dissociée cherche en vain, comme un serpent coupé, à rapprocher ses tronçons. Je suis bien forcé de reconnaître maintenant, que notre être moral est multiple. Le Moi qui m'a conduit ici est sorti. Pourvu qu'il n'oublie pas de revenir!

Il n'y a pas à dire, il doit y avoir de l'autosuggestion dans mon cas. Les Fakirs s'hypnotisent eux-mêmes, en regardant leur nombril. N'en aurais-je pas fait autant, en envisageant continuellement, depuis plusieurs mois, l'hypothèse d'un voyage en Amérique? C'est à voir, quand j'aurai le calme nécessaire à cette analyse psychologique.

Pour le quart d'heure rassemblons un peu nos sensations du moment: ce pont de navire, cette foule cosmopolite, ces matelots, cette avarie, tout cela me semble un rêve, un rêve avec du roulis et du tangage et quelque peu de mal de mer à la clef. Oh! oui, un mauvais rêve. Mais comment le dissiper ? Comment rappeler ce Moi qui continue à courir la pretentaine ?

. . . .

Enfin! je commence à me souvenir maintenant. La brise de la mer a rafraîchi mon front où battait la fièvre. Ici, sur le pont, je sens l'air vivifiant qui désopile mes tempes et souffle joyeusement sur mon esprit, comme sur un foyer qu'il rallume ; tandis que dans cette affreuse cabine, à l'atmosphère fade et confinée, où je languissais anéanti, perdant et retrouvant tour à tour, par lambeaux disparates, la notion de tout, du passé, du présent, le foyer allait s'éteignant peu à peu sous la cendre.

Quelle sensation étrange, d'assister aux oscillations de sa conscience qui se dérobe et s'évanouit, puis reparaît une seconde, comme une lueur fugitive ; de sentir vaguement, comme en un rêve, qu'on s'enfonce par degrés dans l'inconscience de tout, du temps, de l'espace, de son moi ; qu'on flotte, comme perdu dans un insondable abîme, dans le monde imprécis et flou des choses qui ne sont pas !

— Oui, c'était cela tout à l'heure encore.

Mais je me ressaisis maintenant, je revois ce passé vieux de quatre jours, et pourtant si embrumé tout à l'heure, et, comme des mouettes chassées par un coup de vent, qui reparaissent avec le calme, mes souvenirs reviennent en foule. . . . .
. . . .

. . . Une dernière course rapide dans les rues de Saint-Nazaire pour acheter en hâte, à la dernière heure, quelques objets que je me rappelle avoir oublié de mettre en mes malles, dans mon départ tant précipité : du papier, de l'encre, (le papier et l'encre destinés à écrire mes impressions), une casquette, des caoutchoucs. On oublie toujours quelque chose. A la poste, rédigé deux ou trois dépêches pour envoyer un dernier adieu aux personnes aimées. Puis vite, vite à bord ! Si les échelles allaient être hissées ; moi qui manque si souvent le train. Quelle risée ! parmi ceux qui croyaient que je ne partirais pas. Mais j'arrive à temps, on ne part jamais à l'heure.

Le pont est encore encombré des parents,

des amis qui viennent accompagner les passagers sur le bateau jusqu'à la dernière minute. Comme ces dernières causeries sont empreintes de tristesse! On se fait des recommandations réciproques qui ont des airs de dispositions testamentaires avec ce codicille uniforme : surtout écris-nous !

Mais voici qu'un garçon du bord, la cloche à la main, s'en va clochant comme un sourd, à l'avant et à l'arrière, pour annoncer le moment du départ. On va remonter les échelles et fermer la coupée. C'est l'instant irrévocable des adieux, et les vibrations de cet airain sonnent au fond de l'âme comme un glas. Que ne joue-t-on plutôt un air de fifre, de buccin ou de conque marine? Cela jetterait une note moins triste que ces *drelin drelin* sur la tristesse ambiante qui s'élève déjà de tous ces adieux. Ah! oui, on ne rit plus maintenant, même à travers des larmes, comme tout à l'heure encore. Dans cet instant solennel, il n'y a plus de place pour le rire, et un voile uniforme de tristesse s'étend sur tous les visages, même les plus jeunes et les plus épanouis.

On se presse les mains, on s'embrasse, on est bien triste de se quitter. On ne voudrait pas pleurer, et cependant une larme furtive vient glisser entre les paupières des plus fermes. C'est que ce mystérieux Océan est si plein d'inconnu, de surprises, de périls. Même calme, il est si redoutable et si troublant pour ceux qui aiment et pour ceux qui s'aiment eux-mêmes. Et puis, ces beaux pays du soleil, où l'on va, sont si malsains, si pestilentiels! Quand ils ne vous tuent pas en coup de foudre, avec la fièvre jaune et les accès pernicieux, ils vous débilitent tellement avec les anémies tropicales, les dysenteries, les hépatites, qu'ils font du corps le plus robuste et le mieux trempé une pauvre loque avachie n'ayant plus qu'une ombre de vie, et qu'ils rendent insupportable le triste reste d'existence qu'ils vous laissent.

Sans doute, toutes ces visions passent rapidement dans l'esprit de tous : ceux qui restent comme ceux qui s'en vont. On voudrait les chasser, mais elles reviennent fixes, obsédantes, cruelles, comme un vol de noirs corbeaux acharnés. Se reverra-t-on ? — Oui, ce mot qu'on ne dit pas, chacun le roule dans sa pensée, et on s'embrasse comme si c'était pour la dernière fois.

Oh! ces baisers de mères, d'épouses et de

sœurs, qui les pourrait recevoir ou seulement voir d'un œil indifférent et calme? Ce n'est pas la chanson joyeuse des baisers de tous les jours, tendres et doux, parfois distraits et complaisants. Comme ils chantent un chant triste et dolent les baisers de cette séparation ! Ils sont, ceux-là, plus expressifs, plus attendris, plus doux aussi, mais avec quelque chose d'amer et de mystique qui les rend plus troublants, comme cette amertume que le grand poète de la Nature et de l'Amour trouvait déjà au fond de la coupe des plaisirs:

Medio de fonte leporum
Surgit amari aliquid.......

Les baisers des pères à leurs fils, des frères à leurs frères, des amis à leurs amis, des hommes enfin, sont graves et solennels. On y sent quelque chose au fond qui réconforte et encourage. Ils semblent dire comme le vieil Horace :

Faites votre devoir et laissez faire aux Dieux.

Mais ceux des femmes, toujours mouillés de larmes, amollissent le cœur et aiguisent les regrets. Les unes les multiplient, encore un et un autre encore, avec un emportement de tendresse infinie et pâmée. C'est une pluie, une provision pour l'absence, un viatique bienfaisant. Les autres les prolongent, les appuient, les impriment comme pour leur donner quelque chose de pénétrant et d'ineffaçable qui dure aussi jusqu'au retour. Et, positivement, il semble, au milieu de cette émotion contenue, qu'il se fait dans votre chair, dans votre cœur, un déchirement douloureux, et que l'âme saignante et meurtrie se sente prête à défaillir...

Et le clocheur, impassible témoin de ces troublantes séparations, personnification momentanée, sous son humble tenue de garçon d'hôtel, du *Fatum* antique, du Destin aveugle et sourd, le clocheur cloche toujours jusqu'à ce que les derniers parents, les derniers amis soient descendus. Et, pendant qu'on appareille, que le petit remorqueur attire et dirige le colosse qui s'ébranle lentement dans le dock, comme un grand oiseau qui a peine à prendre son essor, mais qui, une fois soulevé, va planer majestueux et fier; sur le pont et sur le quai, les mouchoirs, les chapeaux, les mains s'agitent quelques minutes encore et envoient, du bateau au quai et du quai au bateau, un feu croisé d'adieux optiques.

Nous entendons encore les derniers souhaits de ceux qui restent : *Bon voyage, Good sailing, feliz viaje!* Et l'on part, on est parti. Cette fois on n'appartient plus à la terre. On va être pendant des jours et des semaines l'hôte, le captif, le jouet peut-être et la victime de la mer et du vent. Oh! vents et flots de l'Océan soyez-leur favorables! Étoiles de la mer ayez merci de ceux qui s'en vont!

. . . .

Et mes souvenirs de départ s'arrêtent là. Le fil de ma pensée, rompu dans une nausée, ne peut être représenté que par des points ou des onomatopées de hoquets, dans l'écheveau de mes sensations emmêlées et frustes. Je viens enfin de le renouer après quatre jours de détresse.

8 heures du soir. — Les optimistes avaient raison. Tant bien que mal l'avarie a pu être réparée et nous allons repartir. Un soupir de soulagement sort de toutes les poitrines, car il est toujours désagréable de s'en aller à la dérive et d'attendre un sauveur qui peut fort bien ne pas venir. La gaieté et l'entrain des passagers sont aussi revenus et quand, à huit heures, nous passons en vue de *Santa Marta* des Açores, on salue avec enthousiasme les coteaux verdoyants de l'île sur lesquels le soleil qui se couche pose une auréole d'or, pendant que ses rayons couleur de flamme incendient la mer à l'horizon. Après les émotions de la journée, on lui sait gré d'être là, à cette motte de terre, à cette île perdue au milieu de l'Océan, et cela fait toujours plaisir de revoir un peu, même de loin, quand on est ballotté par les flots, cette vieille amie la Terre ferme, plancher des vaches, si vous voulez, comme dit l'autre.

15 août.

Il s'est produit aujourd'hui, dans la vie tant désœuvrée et monotone du bord, un événement qui devient de plus en plus rare en notre siècle de navigation rapide et de laïcisation de toutes choses. Oh ! pas bien gros l'événement, inaperçu même en toute autre circonstance et que je pourrais vous donner en cent et en mille à deviner. Ne cherchez pas ! Voici : Il y a eu ce matin une messe à bord, pas la pseudo-messe récitée ou lue autrefois par le capitaine, non une vraie messe.

Un prêtre lazariste qui rentre au Pérou, où il dirige le grand Séminaire de Truxillo, a emporté avec lui, dans ses bagages, faveur spéciale à son ordre, les vases sacrés, les ornements sacerdotaux et tout ce qu'il faut pour dire la messe. Il est comme le chapelain du bord.

Tous les matins, au point du jour, au fond du deuxième entrepont, il dit une messe intime, secrète, pour lui, pour quelques prêtres du Vénézuela (de bons types de curés exotiques qui reviennent de l'exposition) et pour quatre sœurs de charité qui vont à Lima. Mais il a obtenu du capitaine, d'officier aujourd'hui, en public, tous *oremus* dehors, dans le Grand-Salon, en l'honneur de la fête de la Vierge, patronne toujours révérée des matelots.

Je m'étais dit, hier soir, en descendant au salon et en lisant, collé à la glace du grand escalier, l'avis calligraphié en belle ronde et où l'on voit qu'un Monsieur très sage s'est appliqué : Une messe en mer ! Voilà une occasion rare, de goûter ce qu'il peut y avoir encore, même à notre époque, ravagée par le positivisme, de poésie cachée dans le symbolisme de la messe. C'est ainsi que les romanciers d'avant la vapeur ne manquaient pas, chaque fois que le cas s'en présentait dans leurs récits, de tirer des effets pathétiques d'un spectacle semblable, et nos pères, en les lisant, éprouvaient sans doute, croyant y assister en personne, quelque sensation inédite et rare.

J'imagine qu'à leur âme peu compliquée et fidèle, l'infini des eaux se déroulant sous l'infini des cieux devait apparaître sans doute, comme aux temps limbiques de la Genèse, hanté et rempli par l'esprit amorphe du Dieu qui soulève les flots ou met un frein à leurs colères. Et puis la longueur et l'insécurité des navigations, plus qu'aujourd'hui à la merci des vents, les routes mal connues, les tempêtes, les naufrages, les corsaires, le radeau de la Méduse, créaient un état psychologique favorable à la pensée religieuse.

L'impuissance de l'homme, si faible jadis en présence de l'Océan à franchir, était la source la plus abondante du sentiment religieux si développé de tout temps chez les marins. Mieux armé, l'homme est aujourd'hui moins croyant.

C'est peu flatteur pour la divinité, mais la raison et la plus grande part de notre psychologie religieuse est-elle autre chose que la psychologie de la peur ? C'est le verset lui-même qui l'a dit, *timor domini etc.* En dehors de la peur que fait naître le danger prochain, imminent, et qui provoque encore les vœux des marins aux Nôtre-Dames de Bon Secours, l'âme moderne est-elle accessible à ces émotions que ressentaient si facilement nos pères, ou bien les comètes de notre siècle ont-elles dépeuplé les cieux au point de la rendre indifférente et sceptique ? J'interroge les professionnels de la mer et j'y vois l'éternel divorce des âmes: Courbet le plus croyant des hommes et Loti bien près d'être athée; les humbles pêcheurs d'Islande restés invinciblement attachés à leur foi, comme nos paysans, et les équipages des grands vapeurs devenus, comme les ouvriers des villes, libres-penseurs et goguenards. Que conclure de ces contraires ? Mais, en matière de sensation et de sentiments, il ne faut s'en rapporter qu'à soi-même. Comme on institue une expérience de psychologie, essayons donc sur nous-même l'action de cet agent mystérieux et suggestif : *tentare non nocet*.

Par les soins des Sœurs, le buffet a été transformé en autel avec des plantes vertes, des flambeaux, des tentures. Le plus grand nombre des passagers, notamment toute la partie hispano-américaine, est là rangé le long des grandes tables. La vaste mer est décidément peu favorable au scepticisme et la peur du naufrage agit sur la plupart des hommes comme sur Panurge. Le capitaine, en grande tenue, avec un piquet de matelots et un magnifique nègre dans son costume tout rouge de tirailleur sénégalais, assistent à la cérémonie et lui donnent un vague caractère officiel qui me rappelle les *Te deum* impériaux de mon enfance.

Le prêtre dit sa messe à voix basse, au milieu du silence recueilli et pensif des assistants que traversent seuls les répons marmottés du diacre et un bruit doux et voilé, rythmé comme un bruit d'ailes. C'est le froufrou des éventails que les dames américaines, mantille en tête et agenouillées par terre, manœuvrent distraitement sans rien perdre de leur recueillement et de leur ferveur. D'en haut, sur le pont, on entend venir, par échappées, le murmure confus de quelque conversation languissante ou le coup de sifflet monotone et plaintif du timonier commandant quelque manœuvre.

L'office se poursuit suivant le rite accoutumé. Puis, avant de prononcer, avec ce beau geste simple et grave, véritablement hiératique, l'*Ite missa est* final, le prêtre récite l'*oratio pro navigantibus,* une de ces vieilles prières comme l'Eglise en avait jadis, aux siècles de foi, pour toutes les circonstances de la vie, et où il demande à Dieu de favoriser ses serviteurs qui vont sur la mer, d'une navigation tranquille et d'une heureuse arrivée au port désiré, *portu semper optabili, cursû que tranquillo tueâris.*

Et, par les sabords ouverts, l'air frais du matin nous apporte les senteurs salubres de la mer, tandis qu'aussi loin que nous pouvons voir, le ciel est d'un azur immaculé et d'une transparence complète, éthérée, sidérale, que ne trouble plus aucune des poussières et des souillures de la terre.

Remonté sur le rouf, je m'interroge. Eh bien ! non. Je n'ai pas trouvé dans cette messe en mer la sensation nouvelle que j'attendais. Aucun trouble révélateur, comme la commotion de Damas, n'est venu déranger le cours limpide de mes pensées. La source des émotions n'a pas jailli, et mon cœur, gonflé d'une tristesse toujours renouvelée, n'a pas trouvé l'apaisement qu'il cherchait. Et pourquoi, puisque je ne demandais qu'à être touché, puisque, à tout hasard, je cherchais cet état d'âme sollicité comme une faveur par le prophète : *Domine, innova fidem in visceribus meis ?* Oui, pourquoi suis-je resté insensible et froid en présence de cette commémoration symbolique qui, après dix-neuf siècles, émeut encore tant de millions d'êtres humains ?

Bien qu'elle ait donné, comme il arrive si souvent dans nos vivisections, un résultat négatif ou contraire au résultat espéré, l'expérience psychologique que je poursuivais a tout de même réussi par certains côtés. Elle m'a montré que nous ne sommes pas émus à volonté et par raison démonstrative. Il y faut des circonstances ambiantes, un milieu propice et, suivant la vieille doctrine sensualiste, rien ne peut exister dans notre pensée qui ne soit entré par la porte de nos sens.

Au lieu du grand jour éclatant et cru qu'il faisait dans ce salon, supposez un demi-jour mystérieux de crypte, une lumière mourante filtrant à travers des vitraux gothiques; au lieu de l'air surexcitant et salé de la mer, entrant à pleins sabords, imaginez la tiédeur d'un air engourdissant et lourd, imprégné d'un relent de cire et de fragrances d'encens; au lieu de l'agaçant froufrou des éventails, lancez sur la foule de belles voix humaines, plaintives comme un gémissement, qui font que cette foule, instinctivement,

Se courbe en murmurant sous le vent des cantiques;

oui, faites pénétrer de force dans l'esprit toutes ces impressions, en donnant à chacun de nos sens vue, toucher, odorat, ouïe, l'excitant qui lui convient, et la suggestion du divin vous viendra d'elle-même, l'homme deviendra l'animal religieux de Platon.

— Sans doute, me dit le consul de France à Guayaquil, esprit très cultivé, qui réfléchit avec moi sur ces problèmes, mais la cause ne serait-elle pas intérieure, et ne faut-il pas admettre plutôt que tout s'en va, que tout se perd, et que le monde des idées, des sentiments, est, comme le monde des faits, dans un perpétuel devenir? Le Dieu de nos ancêtres n'est plus. Il se modifie et se transforme avec les siècles. Au pied des autels délaissés de son ancien Dieu, personnel et concret, Joad pourrait-il avoir la vision prophétique que l'arbre de David va refleurir?

— Oui, une divinité nouvelle se lève dont l'auréole projette sur la nuit, où nos pères marchaient à tâtons, une lueur éblouissante qui grandit de moment en moment. Entendez-vous sa voix puissante qui bégayait encore avec Galilée, et qui sonne aujourd'hui comme un clairon de Victoire ? Peuples à genoux ! proclamez ma puissance, recueillez à pleines mains mes bienfaits; je suis l'unique Dieu des temps nouveaux, je suis la Science et j'ai pour messagers la Liberté et la Lumière !

— Mais, comme le chœur antique, des millions de voix répondent aussitôt :

Eh ! que nous importent la Science, la Liberté, la Lumière, à nous les petits et les déshérités de ce monde ? Nous donneront-elles cette goutte d'eau dont nous avons soif, ce rien qui nous est tout, l'espérance de l'au-delà qui nous console et nous fait supporter la vie ?

— Et devant ce cri de la foule, moi adorateur professionnel de la Science, je ne puis m'empêcher d'en faire l'aveu : Oui, en attendant le règne, trop long à venir, de l'universelle Justice, heureux et enviables, même au plus profond de leur misère, les cœurs simples, les âmes pures dont la Science n'a pas effleuré la candeur, et que la rosée céleste rafraîchit encore !

16 août.

Sur ce grand bateau si bruyant qui emporte un monde, on sent mal le grand calme de la mer. Il y a tant de jeunesse, d'enfants, d'Américains exubérants venus pour l'exposition, et qui rentrent chez eux, que, du matin au soir, le pont est plein d'animation et de bruit.

Toutes les conditions sociales sont là, et nous représentent comme le raccourci d'un peuple. Des gouverneurs de colonies, des prêtres et des sœurs de charité, des députés qui vont aux Antilles préparer leur réélection, des explorateurs, des savants, des modistes et des cuisiniers qui vont à Caracas propager à leur façon l'influence française, des diplomates, des juifs marchands de diamants et des voyageurs en vins de Bordeaux, des médecins, des officiers à destination de la Guyane, des ingénieurs polytechniciens ou centraux qui vont aux mines d'or de Colombie, des photographes allemands, des sculpteurs italiens, des touristes hispano-américains, venus pour voir l'exposition et qui rentrent chez eux, l'œil encore ébloui de tant de merveilles entassées et, par dessus tout, enthousiastes de la vie de Paris. Oh ! ce qu'ils sont gais ceux-ci. Ils s'en sont fourré jusque là ! et je m'amuse parfois à les voir se communiquer les photographies des soupeuses qui firent un instant leur bonheur. Que Barranquilla ou Popayan vont maintenant leur paraître fades !

A l'avant plusieurs familles d'émigrants, épaves de quelque naufrage social, blessés de la vie, fatigués de lutter sur le vieux monde, et qui espèrent trouver au loin la fortune plus clémente; des gendarmes, des troupes coloniales, de petits employés séduits par les hautes payes de Cayenne, des domestiques et enfin les hommes d'équipage.

Par ces belles journées dont nous jouissons, et maintenant que presque tout le monde a repris son aplomb, si dérangé toujours par la traversée pénible du golfe de Gascogne, le pont, à l'arrière, représente bien la population cosmopolite d'une ville d'eaux. Il semble qu'on est sur la terrasse du Casino, à écouter la musique, et je m'attends parfois à voir caracoler des cavaliers et des amazones partant pour une excursion, ou passer un landau au coin du grand mât! Le piano, les chants, les valses le soir rien n'y manque, pas même une très belle personne, aux cheveux d'or, accompagnée d'une élégante camériste, qui va rejoindre à Cayenne un riche *gentleman* qui la protège.

---

17 août, La Mer des Sargasses.

Les enfants qui sont à bord ne couraient pas ce matin sur le pont comme ils ont coutume de faire, égayant tout de leurs joyeux éclats de rire. Penchés sur le bord du bastingage, attentifs, tenant à la main un bâton muni d'une ficelle et d'un clou recourbé, ils rappellent ces nombreux pêcheurs qui, du haut des quais ou des ponts de nos rivières, taquinent le poisson un matin d'ouverture de la pêche. Mais ils ne gardent pas le silence religieux des pêcheurs. Ils parlent bruyamment, ils rient, ils s'excitent : « Attention ! à toi là-bas ! En voilà un beau ! » Quelle pêche font-ils ? Je ne puis supposer qu'ils cherchent à prendre, avec un appareil si primitif, les petits poissons volants que nous commençons maintenant à rencontrer. Je m'approche et je vois qu'ils essaient de saisir au passage des espèces de rameaux jaunâtres, de grappes avec des grains ronds flottant à la surface de l'eau, et les plus heureux en saisissent des paquets qu'ils jettent sur le pont, pour courir aussitôt en attraper d'autres. Ce n'est pas la proie, c'est la prise qui les amuse.

Ces rameaux, ces touffes, ces grappes disséminées sur la mer sont les Raisins des Tropiques. Ils sont les avant-coureurs de la grande mer des Sargasses dans laquelle nous entrons et que nous allons traverser pendant trois jours. En effet, vers le soir, ces algues flottantes, que Richepin a chantées, deviennent plus nombreuses et plus pressées. Il semble que sur cette grande route qui nous mène en Amérique on a fait, au devant de nous, une jonchée d'honneur.

D'où viennent-elles ces algues déracinées et mortes qui jadis se présentèrent si nombreuses à la flottille de Colomb, qu'après avoir cru d'abord voir en elles l'annonce du continent cherché, il fut bientôt épouvanté de leur énorme entassement? Lorsque, après une semaine de navigation, il ne vit apparaître aucune terre, fendant toujours et toujours ces flots d'herbe, sa confiance fut près de l'abandonner, il se crut embourbé pour toujours dans cet immense marécage flottant, dans ces singulières *praderias de yerba* où il resta en effet vingt-deux jours.

Oui, d'où viennent-elles ces algues jaunes bercées par les flots de cette région paisible et morte de l'Océan? Sont-elles les survivantes d'un continent disparu, submergé à cette même place et se sont-elles détachées des profondeurs sous-marines où elles vivaient, loin de l'oxygène et du jour, pour venir à la surface se reproduire et mourir? Ou bien, suivant la marche inverse des épaves, viennent-elles des rivages lointains de l'Amérique et de l'Afrique, apportées au centre mort de l'Atlantique, comme en un immense delta, par les grands courants marins, véritables fleuves qui serpentent au milieu de la masse énorme des eaux? *Chi lo sa?* La Nature garde son secret, et je n'ai pas la prétention de vouloir le lui arracher.

22 août, Rade de la Pointe-à-Pitre.

Nous approchons de la première escale depuis le départ. La terre est signalée et voici bientôt les coteaux verdoyants de la Guadeloupe, dorés par les feux du matin, qui apparaissent à l'horizon. Un mouvement insolite se fait à bord. Les sacs de la poste sont rangés sur le pont et, par les écoutilles ouvertes, on voit monter de la cale et s'entasser sur le gaillard d'arrière les gros bagages des passagers qui vont nous quitter aujourd'hui à la Pointe-à-Pitre, à la Basse-Terre, à Saint-Pierre.

Tous ces ports ne sont en réalité que des rades foraines, et les grands navires doivent jeter l'ancre au large, ce qui complique l'embarquement et le débarquement d'un service fort gênant de bateliers. Impossible d'aller à terre, faire un tour, car l'escale n'est que de quelques heures. Des marchands de fruits nous ont accostés avec leur barque. Ils parlementent de bas en haut et nous offrent des oranges, des melons, des cocos, des tronçons de canne à sucre, des avocats, etc., qu'ils font hisser dans des corbeilles. Pour tuer le temps on leur achète. Puis deux coups de canon et adieu la Pointe!

* * *

Rade de la Basse-Terre.

A la Basse-Terre, une manifestation populaire en l'honneur du député qui arrive a distrait notre morne après-midi. Avant même d'avoir mouillé, nous distinguons au loin le quai tout noir de monde. Au premier rang, la musique, dont les cuivres scintillent au soleil, paraît ronger son frein d'impatience; mais voici que dans une barque une délégation vient vers nous. Debout à l'avant, apparaît, sous l'ombre légère d'un parasol blanc, un abdomen tricolore. C'est le maire qui s'avance avec la majesté d'un Doge. Salut aux édiles de la Basse-Terre!

Ils montent sur le pont et viennent saluer leur député qui les attend, ému et fier, près de la coupée de tribord. Poignées de main, embrassements, palabres. Pendant ce temps, une nuée de barques, chargées à couler, amène à bâbord une foule de bonshommes en pain d'épice, qui escaladent l'échelle, comme des singes, et se répandent sur le pont. Ces braves nègres n'ont pas pu résister plus longtemps au désir de voir et d'embrasser aussi leur grand homme.

Lui les embrasse, avec la conviction touchante d'un père, sur leurs joues noires et poisseuses ou ruisselantes de sueur. A la vue de cette foule en délire, restée là-bas sur le quai, et qu'il lui faudra sans doute embrasser tout entière, dans un instant, il ne songe pas à dire : « Seigneur, épargnez à mes lèvres ce calice d'amertume et de sel ! » car il sait que ce n'est là que le commencement de ses épreuves.

En effet, un petit journal local, oublié par un de ces bons insulaires, donne le programme des visites, conférences et réunions que le député doit faire dans les villes, les bourgades, les villages, les îlots de sa circonscription pour demander sa réélection. Je n'ai pu m'empêcher de frémir devant de pareils travaux forcés. Et on voudrait me faire croire que l'esclavage a été aboli !

Le malheureux député, qui vient de faire 1,500 lieues, voudrait se retremper au sein de cette magnifique nature ; faire là sieste, doucement bercé dans un hamac, aux heures brûlantes de midi ; entendre couler les sources dans les vallées natales ; s'abîmer dans la verdure avec un livre, un de ces amis dont un grand ancien, las aussi de la politique, proclamait, il y a déjà deux mille ans, l'infinie douceur et la consolante influence ; vivre un peu de la vie du cœur près des parents, des amis d'enfance qu'on n'a pas vus depuis longtemps. Vains désirs ! le démon de la politique est là.

— Marche forçat ! crie-t-il, chaque fois que le malheureux implore en grâce qu'on le laisse respirer un peu. Marche ! la période électorale va finir et là-bas, dans le dernier des îlets, trois douzaines de moricauds qui ne savent pas lire attendent que tu viennes leur rendre compte de ton mandat, et t'incliner, humble sujet, devant leur portion de souveraineté! Marche, candidat! marche!

．⁎．

Saint-Pierre.

Arrivée sur le minuit. Je n'étais pas couché encore, car le séjour des cabines est intolérable, la nuit, dans ces parages. Mais je défie bien ceux qui étaient allés retrouver leur couchette d'avoir pu fermer l'œil. A peine sommes-nous au mouillage dans la rade, que le navire est assailli par une nuée de bateliers nègres poussant des cris sauvages et se disputant, se bousculant, se battant à coups d'aviron pour arriver les premiers à l'échelle et s'emparer, comme d'une proie, des passagers qui vont descendre et de leurs bagages.

— Moi plaindre beaucoup très fort petits blancs qui vont tomber entre mains de petits nègres! dit, à côté de moi, un loustic que ce spectacle nocturne intéresse.

— Oui, pauvres petits blancs!

Devant ces clameurs épouvantables et cette indescriptible mêlée de pirates qui semble, dans la nuit sombre, une scène du Sabbat des Caraïbes, le lieutenant de quart fait hisser les échelles, jusqu'à ce que le tumulte s'apaise. Les quelques passagers qui débarquent ici peuvent enfin descendre, et nous suivons pour Fort-de-France, la grande escale de la ligne, où nous arriverons avant le jour. On va maintenant pouvoir dormir quelques heures.

23 août, Fort-de-France.

On s'est levé tard, ce matin, mais, en montant sur le pont, on a le plaisir de voir qu'on a pris contact avec la terre. De la coupée du gaillard d'avant au terre-plein du quai, on a jeté une large échelle sur laquelle monte et descend, dans un va et vient continuel, une foule bigarrée. Notre bateau est devenu un faubourg de Fort-de-France.

En bas de l'échelle, sur le quai, s'est installé un vaste marché de fruits : oranges, bananes, avocats, ananas, mangues, etc., où tout le monde fait ses provisions, depuis le commissaire du bord, qui achète pour la table des passagers de première classe, jusqu'aux hommes de l'équipage qui, pour un sou d'oranges et même pour rien, lutinent fort librement les marchandes, plantureuses négresses qu'ils retrouvent à tous les voyages de l'*Amérique*.

Sur le pont, d'autres négresses offrent d'un air dolent, aux passagers qui résistent, des éventails de palme, des colliers de graines, des coffrets incrustés de menus coquillages; ces bibelots de l'art indigène ont visiblement perdu toute faveur.

Par ci, par là, d'autres « vierges au sein d'ébène » promènent aussi de fallacieux colliers et d'illusoires coquillages. Leur œil en coulisse dit assez ce qu'elles vendent : « Une heure de leur jeunesse » me dit une vieille qui ne vend plus maintenant que des gousses de vanille.

Des individus distribuent des cartes des restaurants de Fort-de-France, des cochers offrent leur voiture pour des excursions aux environs. Un gentleman créole, tout de blanc vêtu, casqué de toile, favoris Metternich, l'air distingué, se promène un portefeuille sous le bras et aborde poliment les passagers. Il se plaint que les affaires ne vont pas et vous offre de vous échanger, contre de l'or français, des *banknotes* anglaises ou américaines dont il a plein son portefeuille et qui, dit-il, font prime à Colon et à Panama. Excellente affaire !

Comme on résiste à ces suggestions perfides, il finit par vous proposer des photographies de la Martinique qu'il fait lui-même et qu'il ne vend pas, car il les donne..... contre la bagatelle de deux francs. Les photographies ne sont pas mauvaises et l'on se débarrasse du gentleman en lui en achetant quelques-unes.

Pendant que le bateau se vide d'une partie de sa cargaison qu'il décharge sur le quai, ou qu'il transborde sur le *Bisson*, le vapeur de la correspondance de Fort-de-France à la Guyane, il refait aussi sa provision de charbon. Une centaine de portefaix noirs, mâles et femelles, portant sur leur tête, à la mode nègre, une corbeille de charbon, défilent dans une théorie grotesque, allant du dépôt à la soute et de la soute au dépôt. En passant sur la plateforme d'un compteur qui marque un chiffre à chaque passage, ils reçoivent un jeton en zinc. Tout à l'heure, à la paye, autant de jetons, autant de fois deux centimes. Les plus agiles auront ainsi pu gagner, en deux heures, quarante sous, qu'ils porteront, comme Villon,

> Tout ès tavernes et aux filles.

Et quelles tavernes, quelles filles !

Tous les échantillons de la laideur nègre sont ici. Quelques négresses, la poitrine affreusement débraillée, les jupons troussés haut, l'air abruti, sont des spécimens parfaits de bestialité humaine. On les croirait descendues des cocotiers d'alentour, si le brûle-gueule ou le cigare qu'elles ont aux lèvres ne nous montrait que c'est surtout par ses vices que l'homme se distingue des animaux. Mais, brûle-gueule à part, de pareils types plaident plus haut que tous les ouvrages de Darwin ou de Wallace pour la descendance *singesque* de l'homme.

Après déjeuner, malgré l'épouvantable chaleur, je vais visiter la ville. Naturellement on ne rencontre personne, tout le monde fait la sieste. Tout a l'air abandonné et triste: le vieux fort mélancolique et d'aspect délabré, le quartier de l'artillerie, la place de la Savane, grande et morne comme le désert, la ville en damier, aux maisons silencieuses. Seul, le marché couvert montre encore un reste d'animation. Pas de bancs, tout est par terre étalé sur des feuilles de bananier larges comme des nappes. Des mulâtresses attardées et nonchalantes cherchent à profiter des rabais de la dernière heure. En guise de papier, on plie ce qu'elles ont acheté dans un morceau de ces mêmes feuilles qui remplissent ici tant d'usages, et il semble que cette verdure redonne de la fraîcheur à des emplettes souvent suspectes.

Poussé une pointe dans la campagne environnante, sur la route des Pitons. La nature écrase ici les œuvres des hommes. La ville que je viens de laisser derrière moi me paraît mesquine, provinciale, quelconque. Mais la végétation extraordinaire me surprend. Herbes, arbustes, arbres tout est nouveau pour moi. Je ne reconnais pas une seule plante d'Europe. Dans les haies sont des fleurs étonnantes et d'un éclat incomparable. On me nomme, comme dans une présentation officielle, quelques arbres dignes d'une mention particulière, et je salue ces célébrités indigènes dont je connaissais déjà le nom : l'*arbre à pain*, l'*arbre du voyageur* dont les feuilles en éventail, contiennent à leur base une petite provision d'eau bonne à boire, le palmier qui donne le *chou palmiste*, le *calebassier* avec ses énormes gourdes suspendues en l'air, et qui réfutent la fable finaliste du *Gland et de la Citrouille*, etc. A droite, à gauche, le long de la route, cases de nègres, entourées d'une minuscule plantation de cannes à sucre. Sur beaucoup on voit cet écriteau suggestif mais qui détonne dans l'exotisme du paysage : *Débit de la régie et de bon vin.*

Villas, petites maisons de campagne perdues, comme des nids, dans la verdure.

Du haut de cette route des Pitons, on aperçoit le magnifique panorama de la ville, de la rade et des collines en amphithéâtre qui l'encadrent. Au pied des collines, au bord penchant des bois, qui forment comme une bordure d'un vert sombre, on distingue les champs de cannes qui se détachent en vert clair et gai. Heureux pays, heureuses campagnes, comme on paraît loin ici, en ce moment, des agitations et de la vie fiévreuse de l'Europe, et comme on y serait bien, semble-t-il, s'il n'y avait pas de ville, pas de journaux, pas de partis, pas d'habitants !

Mais il faut redescendre de ce promontoire qui, comme tous les promontoires — *edita loca* — suggère, malgré le besoin qu'on a de s'éponger, des réflexions philosophiques. Harassé, trempé de sueur, rendu, je rallie l'*Amérique* où de fraîches ablutions me raniment, en attendant que le dîner me restaure.

* *

La nuit venue, avec mon aimable compagnon le consul de Guayaquil, nous redescendons à terre. Nous nous promenons lentement, cherchant un peu de fraîcheur, sous les beaux arbres qui encadrent cette immense place de la Savane. De clairs rayons de lune filtrant à travers le feuillage des grands sabliers sombres, projettent sous cette voûte une douce et mystérieuse lumière. A notre droite, dans la solitude de la vaste esplanade, se dresse, comme une apparition romantique, baignée par les rayons caressants de la lune, la blanche statue de Joséphine, la créole impératrice; à gauche, la silhouette du vieux fort fait une tache d'ombre sur la rade dont l'eau scintille au loin, sous la tremblante lumière, en faisant entendre sur l'estacade son clapotis léger, souffle voilé, écho vague et comme endormi de la grande voix de la mer.

Quelle âme, même la plus grossière et la plus fruste, ne se sentirait saisie par ce calme, par cette splendeur de la nuit qu'illuminent les mille feux des lucioles voltigeant dans les hautes herbes et dans les branches, comme des essaims lumineux? Au-dessus de nos têtes, les cigales, muettes pendant les heures brûlantes du jour, font entendre maintenant la note grêle et monotone de leur petite chanson d'amour, pendant qu'une imperceptible brise, qu'un souffle, si léger qu'il fait à peine trembler le feuillage, nous apporte par bouffées les aromatiques senteurs des jardins d'alentour.

Par instants, de blancs fantômes glissent auprès de nous, avec une légèreté d'ombres poursuivies. On les voit disparaître, puis reparaître entre les arbres, s'éloigner, puis revenir. Ce sont des belles de nuit à la peau noire, des marchandes de sourires qui, au passage, saluent d'un bonsoir créole, enfantin et timide, les promeneurs de cette heure solitaire et si étrangement enivrante.

Oui, qui ne sentirait cette poésie qui s'exhale, comme l'âme même et le parfum des choses, de toute cette nature tropicale? Il faudrait la puissance étrange d'évocation, la magie de ce charmeur d'âmes, moins homme que sorcier, qu'on appelle Loti, pour rendre avec des mots et faire revivre, en qui ne l'a pas sentie, l'impression d'une semblable soirée. Le ravissement des Bienheureux, l'extase des Saints ne doivent pas être faits d'autre chose que de cette harmonieuse synthèse d'impressions agréables, venues simultanément de tous nos sens doucement excités.

Rien n'est inanimé ici, et la nature est véritablement un flot de vie et d'amour. Chacune de ces bluettes vagabondes qui s'éteint et se rallume des centaines de fois en un instant, renferme une petite vie, une petite âme d'insecte, cherchant et appelant, par ses soupirs lumineux, une autre petite vie, une autre petite âme, pour parfaire ensemble le but de toute existence mortelle, chez l'insecte comme chez l'homme, l'amour et la perpétuation de sa race. Dans chacune de ces fleurs qui nous embaument, les étamines, pâmées au contact du pistil, célèbrent à leur façon, dans le mystère et la fraîcheur de l'ombre, la fête joyeuse de l'amour universel. Et là haut, dans la nuit pleine de soleils, au milieu de l'insondable éther, les sphères astrales s'entendent dire aussi, par leurs satellites fidèles, ce mot mystérieux: Je t'aime!

. . . .

Nous ne parlions pas, et chacun de nous, suivant silencieusement le fil de sa pensée, s'enfonçait doucement dans un abime de sensations indéfinissables et pénétrantes, marchant, tout éveillé, dans un rêve peuplé de houris. Mais il faut rentrer et, ironie des contrastes, après ce calme si doux et si troublant de la nature, nous tombons, en regagnant le bord, au beau milieu du tapage et des chants avinés des matelots en bordée dans les guinguettes à négresses du faubourg. Ces hommes ont lâché la bête, le gorille féroce et lubrique qu'il y a au fond de chacun de nous. Passons vite, car le gorille semble ici deux fois gorille.

26 août, Caracas.

Nous sommes arrivés ce matin en rade de La Guayra. Comme c'est samedi et qu'on n'aura pas le temps, aujourd'hui même, de débarquer et d'embarquer les marchandises, nous devrons attendre jusqu'à lundi, car la douane et les ouvriers du port ne consentent pas à travailler le dimanche. La paresse naturelle est ici le plus ferme gardien du repos dominical. Certes, c'est dur de passer quarante-huit heures dans la rade de La Guayra qui est une fournaise, et nous organisons, à plusieurs, la partie d'aller à Caracas, la capitale du Vénézuéla, où peut nous mener en quelques heures le chemin de fer.

La rade de La Guayra est très dangereuse. La mer y est toujours soulevée par une très forte houle de fond, par un ressac qui met les embarcations dans un danger continuel de chavirer. Pour comble de désagrément, cette rade est très peu profonde, aussi, vu son grand tirant d'eau, notre bateau ne peut approcher et doit rester assez loin du brise-lames, ce qui augmente d'autant les périls du débarquement. La barque où nous montons, conduite par quatre robustes rameurs noirs, est secouée comme un fétu et fait des bonds de plusieurs mètres. J'avoue que je n'étais pas rassuré. Puis il me revient à l'esprit, pendant que nous sommes ainsi affreusement ballottés, l'histoire, qu'on me contait ce matin sur l'*Amérique*, de deux Français qui, il y a quelques années, ayant voulu ainsi aller à terre, montèrent dans une barque semblable. La barque chavira, et à peine avait-elle chaviré, qu'une trainée de sang venait rougir la surface. Les malheureux, avant même d'être noyés, avaient été dévorés par les *tiburones*, les requins très abondants dans ces parages.

Enfin, nous arrivons au débarcadère, non sans avoir été fortement éprouvés, car dans cette traversée d'une demi-heure à peine et qui m'a paru si longue, oh! combien longue! plusieurs de nos compagnons ont eu un violent mal de mer. Mais on est heureux d'en être quitte pour si peu et, dans le plaisir d'être à terre, on oublie la houle, les révoltes de l'estomac et les requins.

La Guayra vue du large paraît charmante. Adossée au flanc verdoyant d'une montagne presque abrupte, contrefort puissant de la Cordillère, elle baigne ses pieds dans l'eau, tandis que ses hauts quartiers, dont les maisons peintes semblent vouloir escalader la montagne, sont couronnés d'une sombre verdure. Vue de près l'impression est tout autre, et dans ses rues inégales, caillouteuses, brûlées par le soleil, le voyageur sent tomber sur lui une perpétuelle menace de congestion cérébrale. Trente-six degrés de chaleur à l'ombre; en plein soleil, une intolérable ardeur de brasier. Voici le climat de La Guayra!

Oui, l'image ancienne est vraie, et la mythologie n'est pas un tissu de fables, comme le prétendent maints esprits forts. C'est bien un dieu irrité, c'est bien Phœbus Apollon qui, prenant nos crânes pour but, nous décoche ses traits brûlants. Comme un rosbif qui ferait des réflexions, on se demande si on va rôtir tout vivant dans cette fournaise. L'air est sec par bonheur, et plus on sue (pardon, Mesdames!), plus on a frais... relativement. On cherche en vain un peu plus de fraîcheur sur la petite place où quelques cocotiers poudreux projettent leur ombre, maigre comme eux, sur la statue de bronze du général G. Blanco. Heureusement que le train va partir bientôt. Le temps de prendre quelques problématiques rafraîchissements (?) dans le buffet de la gare et — *señores viajeros al tren!* — voilà qu'on part.

Caracas n'est qu'à neuf kilomètres de La Guayra à vol d'oiseau, mais quand on n'a pour s'y rendre que les jambes d'une mule ou les roues d'une locomotive, il faut parcourir un trajet de trente-huit kilomètres. Oh! qui donc domestiquera le condor et en fera la monture des gens pressés, comme jadis l'aigle qui portait Ganymède?

La ligne, après avoir suivi quelques instants le bord de la rade où nous voyons, parmi des bateaux moins importants, notre majestueuse *Amérique*, s'engage dans la montagne par des rampes très fortes (4 à 4,50 p. 100) et s'élève, dans un trajet de quelques heures, du niveau de la mer à l'altitude de plus de 800 mètres. Vers le milieu du trajet il y a un grand lacet appelé le Zig-Zag. Nous y faisons une halte assez longue pour prendre haleine, c'est-à-dire pour faire de l'eau et pour laisser passer le train qui descend, puis on repart. On s'élève peu à peu sur les flancs de la montagne qui surplombe à gauche, tandis qu'à droite s'ouvre en précipice le fond de la vallée. Les flancs de cette montagne, brûlés par le soleil et où la roche schisteuse montre à nu ses bancs feuilletés, sont dénudés et presque sans végétation. A peine quelques cactus arborescents (le *cercus opuntia*), des agaves, des yuccas et quelques autres plantes à l'aspect hérissé et méchant, cramponnées sur ces pentes, viennent-ils nous révéler par leur présence l'exotisme de la flore. Peu ou pas d'arbres, sauf dans le fond du ravin, pas d'oiseaux non plus, pas de cultures ni d'habitations. Seul, un grand troupeau de chèvres nous indique que ces montagnes, à l'aspect désolé, ne se prêtent qu'au régime pastoral.

Nous arrivons enfin à Caracas, située dans une large vallée supérieure de la Cordillère, entourée de *peñas* et de *cerros* [1] verdoyants,

---

(1) Pics et mamelons.

mais d'une verdure arbustive, sans grands arbres comme les sapins ou les hêtres majestueux qui tapissent les versants de nos montagnes d'Europe. Nous traversons des faubourgs dont les maisons petites et rustiques sont bâties en terre rouge, en torchis, ou en *adobes* (grosses briques séchées au soleil).

Hélas! faites donc des milliers de kilomètres pour trouver du pittoresque et de la couleur locale! A la porte de la gare, des voitures de place et des tramways s'arrachent les voyageurs pour les porter en ville, tandis que des casquettes galonnées offrent de vous conduire au meilleur hôtel!

Nous préférons aller à pied et seuls pour avoir la surprise et le plaisir de la découverte. Mais, à mesure que nous pénétrons en ville, il me semble que je suis déjà venu, que j'ai déjà vu cela. Oui, on se croirait absolument dans une ville d'Espagne; mais dans une ville relativement moderne, sans ces ruelles étroites et sombres, aux maisons gothiques ou maures, qui donnent tant de cachet à la vieille Espagne. Ici, toutes les rues, tirées au cordeau, se coupent à angle droit et sont numérotées, comme à New-York, par première, deuxième, etc., à partir de la place centrale sur laquelle siègent les palais du Gouvernement, des Chambres, des Administrations, de l'Université. Les maisons peintes, avec leurs fenêtres grillées, ont bien, comme en Andalousie, un *patio* intérieur, mais sans les arbres, les fleurs, les fontaines qui donnent tant de charme aux patios de Séville.

Nous sommes assez confortablement à l'hôtel qu'on nous a indiqué et nous nous réjouissons, après quinze jours du sommeil ballotté de l'Océan, à l'idée de dormir dans un bon lit; mais, désillusion cruelle, les matelas d'Amérique sont si minces et les sommiers si peu élastiques que nous regrettons la couchette étroite et dure du bateau.

Déjeuners et dîners quelconques, à l'européenne. J'étais fatigué des menus classiques du bord, j'aurais voulu manger de l'iguane, du perroquet, n'importe quoi d'exotique, et je retrouve ici le navarrin aux pommes et l'entrecôte bordelaise! Le cuisinier de l'hôtel est français. Pas de couleur locale pour deux sous.

Pourtant une chose m'a frappé dans cet hôtel, c'est l'écriteau, affiché dans la salle à manger, qui défend de parler politique à table d'hôte. Ce n'est rien cet écriteau, et c'est là, cependant, un précieux document humain, où se révèle le caractère d'un peuple en même temps que la sagesse d'un hôtelier prudent. Ce n'est pas, je l'imagine, pour éviter à ses clients les indigestions et les dyspepsies que doivent infailliblement causer des repas assaisonnés du condiment brûlant des discussions politiques, que le *dueño de la fonda* a consigné à la porte le plus inépuisable des sujets de conversation. Plus d'une fois, sans doute, sur ce sol volcanique où les cerveaux sont en ébullition, où tout le monde est général, ou *doctor en leyes* et souvent les deux à la fois, l'hôtelier aura vu sa salle à manger transformée en forum, peut-être en champ de bataille, et il aura gémi sur les débris de sa vaisselle rompue et sur la *respectabilité* compromise de sa maison.

* *

De nombreuses statues décorent la ville, élevées moins à la mémoire de ceux qu'elles prétendent immortaliser qu'à la gloire de celui qui les fit ériger, car elles portent toutes cette inscription : *El illustre Américano,*

General Guzman Blanco, presidente de la Republica Venezolana, erige este monumento.

Quant au héros coulé en bronze, sa renommée, souvent obscure, se perd dans les rayons de la gloire de l'illustre Américain. Car lui seul accapare toute l'admiration, toute la gloire de l'Amérique du Sud, et la vieille gloire de Bolivar lui-même, le *Libérateur*, s'éclipse devant celle plus reluisante et plus neuve du *Régénérateur*. Aussi, quand Guzman Blanco laissera élever sa propre statue, au centre même de la ville, comme les rois ou les empereurs qui ont seuls leur statue de leur vivant, on lui donnera pour épigraphe ces paroles qui ne manquent pas d'emphase, mais qui ne manquent peut-être pas non plus de vérité :

> La paix, l'ordre, la prospérité
> Et la gratitude nationale
> Sont le vrai piédestal de cette statue.

— Au Vénézuela, on se dit ces choses-là à soi-même ?

— Parfaitement. Et on se hâte même de se les dire, car on sait, par expérience, qu'il ne faut pas compter sur une postérité, toujours ingrate et jalouse.

D'ailleurs, il faut rendre justice à ce puissant organisateur. Il a fait marcher le Vénézuela, ou tout au moins sa capitale, à pas de géant dans la voie du progrès. Si nos habitudes européennes sont choquées par cet affichage de popularité, car tout ici porte le nom de l'ancien président : Théâtre G. Blanco, Place G. Blanco, etc., tout cela est expliqué par la latitude. A quelques degrés de l'équateur, l'optique de la scène n'est pas la même que plus haut vers le pôle, et à 70° de longitude du méridien de l'Observatoire (longitude approximative de Caracas), la même mesure ne peut servir à juger les mêmes faits qu'à Paris. Tout prend des proportions différentes, et c'est pour cela que nous ne devons pas trouver étrange ce titre d'*illustre Américain* que se fait décerner publiquement un général heureux ?

Quant à l'abus des statues, ne sommes-nous pas en France, depuis quelques lustres, un peu du Vénézuela ?

.·.

Anticipant sur le temps et sur les événements de ce journal de voyage, je veux dire, ici, tout de suite, pour que la philosophie s'en dégage d'elle-même, combien, quelques mois après, la situation était changée. J'apprends, en effet, en repassant par La Guayra, à mon retour, la décadence complète de l'illustre Américain. Ainsi, dans le Nouveau-Monde comme dans l'Ancien, l'histoire est un recommencement perpétuel et à Caracas, comme à Rome, la roche Tarpéienne est près du Capitole. Ce demi-Dieu vient d'être précipité de l'Olympe,

> Sire, on t'a retiré de ton Panthéon bleu !

Ses statues ont été brisées, et il est aujourd'hui aussi impopulaire qu'il a été populaire et adulé autrefois.

Il est facile assurément de renverser des statues, qu'il eût, sans aucun doute, mieux valu ne pas élever, il est facile de rayer du fronton des édifices, un nom subitement abhorré, mais il est plus difficile, peut-être, d'effacer de l'histoire le souvenir des grandes choses faites et des services rendus.

Cet homme a évidemment commis des fautes, je ne sais lesquelles. Qui n'en commet ? Aristide, lui-même, eut tort de se laisser donner un surnom qui était une injure pour chacun de ses compatriotes. Mais dans ces pays ingouvernables (suivant le mot de Bolivar lui-même), où la révolution fermente en permance, G. Blanco a su, comme l'Autre, fermer pour un temps l'ère funeste des *pronunciamientos*, il a su restaurer le principe vacillant de l'autorité, et se consacrer aux œuvres de la paix. Il n'en faut pas davantage pour mettre contre soi tous les politiciens sans emploi, dans un pays où, pour les généraux, pour les avocats, la révolution est une véritable carrière. Comme un gouvernement ne peut absolument satisfaire tous les ambitieux, et qu'il n'est pas toujours assez fort pour les réduire, il faut bien que ceux-ci cherchent à le renverser pour arriver. Ce sont les procédés de la lutte pour l'existence appliqués à la lutte pour l'influence et pour le pouvoir. Mais pendant que les chefs se font la guerre, les pauvres diables en paient les frais; c'est toujours le *plectuntur Achivi*.

L'état indescriptible d'anarchie que vient de traverser en 1892 le Vénézuela, partagé entre deux ou trois partis qui se sont fait une guerre civile sans merci, eût été pour l'ancien président, qui fait aujourd'hui partie du Tout-Paris, la plus éclatante vengeance de l'ingratitude de ses concitoyens et de l'impuissance de ses successeurs, s'il n'eût mieux aimé, sans doute, comme un Scipion calmé, songer au temps où, sous son administration réparatrice, le Vénézuela était heureux.

Colon, 29 août.

Cette fois c'est fini. On n'ira plus chaque jour à midi, une fois le point calculé, voir, en manière de passe temps, sur la carte marine du salon, le nombre de milles parcourus et la position du navire indiquée par une épingle piquée sur la vaste teinte plate qui représente l'Océan. On ne fera plus le calcul du nombre de nœuds filés par jour et par heure; on ne corrigera plus le retard quotidien de sa montre. Innocentes distractions auxquelles l'oisiveté lourde du bord donne presque un charme. A force de faire des millions de tours, l'hélice a dévoré l'espace qui sépare Saint-Nazaire du continent américain et, sur le soir, nous entrons dans la baie du Limon.

Colon apparaît, nous allons y arriver, nous y sommes.

Nous sommes arrivés à Colon sur le soir, en avance de douze heures. Le dernier train pour Panama est parti. Il faut attendre jusqu'à demain. La rade profonde permet au bateau de venir jusqu'à quai et on peut facilement descendre à terre. Allons visiter Colon.....

Pas belle du tout, la filleule posthume du grand navigateur. Assez infecte même, au moins toute sa partie basse. Accroupie, comme un crapaud, révérence parler, au beau milieu d'un marécage, elle prend un bain de siège dans la vase et on a dû fonder sur pilotis ses maisons et ses rues. *Front-street*, sa rue principale est en bois, et on voit l'eau noire et fétide clapoter au-dessous des traverses qui en forment la chaussée. Cette rue est, à vrai dire, une sorte de pont, de jetée. En bois aussi les maisons. De loin, dans la perspective, les constructions de *Front-street* font un certain effet, avec leurs grandes arcades du rez-de-chaussée, leurs élégantes vérandas, leurs amples balcons du premier étage et leurs toits pointus qui pignonnent. De près, tout cela est tellement... disons défraîchi, pour rester poli, qu'on passe vite et sans examiner en détail.

Voici l'Agence générale de l'opium, qui

nous révèle l'existence du Chinois dans le pays, voici des bazars louches où on vend de tout, des caboulots borgnes où l'on débite des poisons (*vulgó* liqueurs, et liqueurs d'exportation!) sur le comptoir, des petites boutiques où des juifs changent les monnaies, des hôtels cosmopolites où on écorche les voyageurs en quatre ou cinq langues. Le Capitaine de l'*Amérique* a offert l'hospitalité à ses passagers jusqu'à demain et je le remercie de cette attention, dont je comprends la portée, après avoir plongé mon regard dans les inquiétants rez-de-chaussée de ces hôtels.

La partie haute de la ville (elle a bien un mètre au-dessus de la mer), est bâtie sur des rochers madréporiques et sur des terres-pleins artificiels qui ont comblé les fondrières et les flaques. Elle est occupée par les employés de la Compagnie du chemin de fer et par d'immenses ateliers. Elle est naturellement moins malsaine et on y est moins poursuivi par cette odeur de marécage qui vous prend à la gorge et vous écœure dans le quartier bas.

Quelques cocotiers, trop raides, sont plantés le long de la chaussée qui fait, comme un boulevard de ceinture, le tour de l'ancien îlot *Manzanillo*. Ils dispensent une ombre rare, qui fait presque songer à celle de la lance de don Quichotte, sous laquelle ce héros, ennemi de la mollesse, s'asseyait pourtant quelquefois. Peu de choses à visiter dans cette partie de Colon où sont cependant les monuments: l'Eglise anglicane bâtie en porphyre dans le style gothique anglais, bâtisse triste et lugubre; la colonne élevée en l'honneur d'Aspinwall, le promoteur du chemin de fer; et l'hôpital construit par la Compagnie du Canal.

En un autre climat, ce serait l'idéal des hôpitaux marins. Bâti dans l'eau sur pilotis, il apparait comme un village lacustre, comme une flotte de bateaux-lavoirs à l'ancre. La mer vient battre les planchers des chambres par dessous, à marée haute, et les malades peuvent s'endormir au clapotis berceur des vagues. Il y a quelque temps, un des pavillons s'étant déraciné, dans un coup de mer, s'en allait à la dérive avec son personnel et ses malades. On put heureusement le rattraper.

Le soir, rentré pour le dernier dîner et pour la dernière nuit à bord de l'*Amérique*, je contemple, la nuit venue, du haut du rouf, les formes et les silhouettes que font au loin, sous la lumière crue des puissants foyers électriques qui éclairent les grands *halls* des quais et la façade de *Front-Street,* les entassements de marchandises, les wagons en file, les groupes d'ombres ambulantes qu'on devine être des passants. Parmi ces promeneurs, me dit, à son retour, un des passagers qui n'a pas craint de redescendre après le dîner, il y avait une foule de femmes noires, rouges et blanches, lançant aux passants leurs plus tropicales œillades.. Toutes ces fleurs de trottoir dans des accoutrements étranges, et quelques-unes, comme des singes habillés, avec de grands chapeaux à plumes et... nu pieds !

Panama, 30 août.

Nous avons enfin dit adieu, ce matin, à notre navire, à cette maison flottante où, pendant vingt jours, nous avons vécu, et qui représentait encore pour nous comme un prolongement du sol de la France. Nous sommes bien maintenant sur un autre continent et chaque pas va nous éloigner davantage de la patrie. Après l'inconnu de la mer, un autre inconnu commence, plus troublant peut-être, parce qu'il est fait de plus d'éléments mystérieux et divers.

La nuit dernière (comme les nuits précédentes, depuis que nous sommes dans le golfe des Antilles), ne pouvant pas dormir dans ma cabine, où il fait une chaleur suffocante d'étuve, j'étais resté sur le pont, étendu sur ma chaise longue, cherchant en vain un peu de fraicheur. Dans le sommeil tout à la fois lourd et agité qui m'accable, sans me reposer, il me semblait voir là-bas bien loin là-bas, à l'orient, dans la brume de l'horizon bleuâtre, des tourelles au toit d'ardoises, des cheminées qui fument, des pommiers et des tilleuls qui profilent leur tête verdoyante sur des murs blancs et, sous une charmille, sur un banc, la figure douce et attristée d'une femme qui songe en attendant le retour de son fils. Et devant cette vision fugitive de la patrie, du foyer, de la famille, mes yeux ont senti déborder une larme et mon cœur s'est serré... Patrie, foyer, mère inquiète, recevez mes tendres adieux, avant que je m'enfonce plus avant sur cette terre où le hasard m'envoie...

Oh! quel désagréable quart d'heure que le transbordement des bagages du bateau au chemin de fer! Comme une nuée de sauterelles voraces, des nègres ont envahi le pont et se disputent vos colis et vos malles. C'est une scène horrible de pillage. Malheur à vous, si vous n'avez pas eu la précaution de les emballer solidement et si vous avez des objets fragiles. Vous assistez, impuissant, à la bousculade de votre pacotille. Entassés sur des brouettes que les nègres poussent au galop, dans une véritable course au clocher, vous voyez vos pauvres colis projetés hors de la brouette par les cahots du chemin, ramassés, projetés encore. Le sol, sur les trois cents mètres qui séparent le bateau de la gare, est bientôt jonché de débris et d'épaves comme après un naufrage, et quand vous arrivez, essoufflé et rempli de fureur, derrière le nègre qui a emporté votre bagage, vous retrouvez vos malles bossuées, renfoncées, s'ouvrant comme des grenades mûres. Tandis que votre rage s'exhale en jurons impuissants, le bon Bamboula souriant réclame ses piastres, pour retourner promptement à la curée, je veux dire à l'assaut des bagages qui restent sur le bateau.

Dans ce désastre une fiche de consolation est cependant réservée au pauvre voyageur. Colon et Panama étant ports francs, il n'a pas à subir les formalités de douane qui sont si vexatoires dans la plupart des ports américains. Il n'est pourtant pas au bout de ses épreuves. Ses bagages pesés et enregistrés pour Panama — 72 kilomètres de parcours — il n'est pas peu étonné d'avoir à payer en sus de sa place, soit cent vingt francs en or américain, la somme exorbitante de vingt-cinq *centavos* (1 fr. 25) par livre anglaise de bagage. La moindre malle coûte ainsi cent ou deux cents francs de droits de transport pour une si petite distance. Il n'y a d'ailleurs aucun contrôle, les employés ne vous disent pas le poids de vos bagages et perçoivent ce qu'ils veulent. Ils marquent seulement le nombre des colis et le prix perçu. On ne saurait mieux pratiquer le chantage, et je ne vois pas trop ce que pouvaient exiger de plus les honnêtes brigands qui détroussaient ici les voyageurs, il y a un demi-siècle. Étonnez-vous, après cela, que ce soit le chemin de fer du monde qui distribue à ses actionnaires les plus gros dividendes (60 %). Il n'y a aucune franchise, pas même pour un petit sac qu'on peut tenir à la main et, durant le trajet, un employé muni d'une romaine circule dans les wagons et perçoit la taxe des petits paquets introduits en contrebande. D'un peu plus, ils fouilleraient, je crois, dans vos poches.

Les Américains du nord qui exploitent le *Panama rail road* (P. R. R.) sont là par droit de conquête, et, comme l'envahisseur dans un pays conquis, ils ne se font pas faute d'abuser de leur puissance. En plein pays espagnol, ils ne parlent que l'anglais, Colon pour eux est Aspinwall, et ils ont démarqué la plupart des localités traversées par le chemin de fer pour leur donner un nom anglais. Cerro de los Monos devient Monkey-hill; Loma del Tigre, Tiger hill etc. Ils ont pareillement imposé leur monnaie. Tous leurs prix sont établis en or américain et, bien qu'ils reçoivent la monnaie du pays, c'est-à-dire l'argent ou l'or colombien, il faut la donner pour le prix qu'il leur convient de lui attribuer. C'est ainsi qu'à mon retour, ayant à payer vingt-cinq sous de magasinage pour une malle, on me prend en réalité quarante sous parce que je dois vingt-cinq sous en or. Bref, l'Isthme de Panama est plus yankee que colombien, et c'est là un bel exemple de la conquête réelle, quoique dissimulée, d'un pays par les capitaux d'un autre pays, et de la dépossession des nationaux par des étrangers.

Le chemin de fer, au sortir de Colon, longe sur la gauche les collines de la Sierra Quebrancha, puis s'engage ou plutôt continue de s'avancer dans le marécage. Ce sont les marais de Mindi, puis ceux de Gatun. La voie est, naturellement, établie sur pilotis et c'est dans cette partie que la mortalité des ouvriers qui la construisirent dut être formidable. Aussi la légende d'un homme enterré sous chaque traverse n'est peut-être que l'expression, un peu grossie, de la vérité, en ce qui concerne la traversée de ces marais.

Nous sommes à la saison sèche, ou plutôt dans le *veranito* ou petit été qui coupe en deux la saison des pluies. Pourtant, à droite et à gauche de la voie, l'eau se montre partout entre les touffes d'herbes. Mais ce marécage est couvert d'une végétation exubérante et nous circulons entre une double haie de verdure. Au-dessous des grands arbres qui ont succédé aux palétuviers de la côte et qui forment des massifs forestiers parfois assez étendus, s'élève un sous-bois admirable. L'œil est ébloui de tant de richesse dans les couleurs et dans les formes. C'est une orgie de tous les verts de la création, depuis les verts les plus tendres, à la pâleur chlorotique et morbide, jusqu'aux verts noirs, foncés, surchargés de chlorophylle. Il y a les verts mats et sombres, et les verts luisants, lustrés, vernis; les verts fondus et les verts striés, panachés, marbrés, rechampis, que sais-je encore? Bref, il faudrait la palette d'un peintre pour échantillonner tous ces tons.

C'est ici le marais-forêt vierge. Oh ! triple alliance toute puissante de l'eau, du soleil et de l'humus ! Séparés, vous ne pouvez rien, réunis vous faites éclater la vie végétale dans ses plus opulentes magnificences : Voici les balisiers ou cannas avec leurs épis de fleurs enflammées dix fois plus beaux ici, dans leur milieu naturel, que sur les boulingrins de nos jardins. Voici des palmiers aux élégants panaches; des fougères arborescentes aux feuilles délicatement ciselées, à la grâce féminine et tremblante; des lianes aux enlacements capricieux, aux guirlandes aériennes s'élançant de rameaux en rameaux et retombant en festons, comme de grandes cordelières qui retiendraient des draperies; des héliconias aux rutilances lumineuses, inouïes, etc., etc. Et les plantes parasites qui sont venues prendre aussi leur part du festin, depuis les humbles mousses qu'on foule aux pieds, jusqu'aux orgueilleuses orchidées épiphytes, aux formes recherchées et rares, aux parfums troublants de vanille, qui se balancent dans les hautes branches comme de belles créoles. Quel *hall* des grandes mondaines sera jamais décoré avec plus d'art que ces sous-bois exquis que nous traversons, et Salomon, dans toute sa gloire, eut-il jamais un gynécée plus magnifique que ne l'est un coin de cette forêt sauvage? Oui la Forêt-Vierge est un temple, un grand laboratoire d'art sublime et de poésie pénétrante où la nature, sans le savoir, et suivant une esthétique aveugle, élabore des merveilles et ménage des effets puissants que l'esthétique savante et compliquée des artistes et des poètes, même les plus déliquescents, ne saura jamais atteindre.

Vous tous, les blasés du siècle qui finit, qui avez trempé vos lèvres à toutes les coupes, émoussé, par le surmenage des plaisirs, la fraîcheur et l'acuité de vos sens; vous qui avez perdu, au souffle meurtrier des villes, la divine faculté d'être émus ; vous dont le cerveau, désemparé par la *fête*, recherche des sensations nouvelles et monstrueuses ; oui vous tous les blasés, les névrosés, les corrompus que l'asphalte n'amuse plus, que le suicide ou le gâtisme réclament, bouclez vos malles et venez voir la forêt-vierge ! Et s'il n'est pas trop tard, si votre âme faisandée a conservé, dans quelque repli obscur, un reste de fraîcheur relative, vous êtes sauvés, car vous pourrez ressentir ici le frisson rédempteur du beau !

.·.

De temps en temps, le long de la voie, dans l'herbe folle qui les cache à demi, des tombes apparaissent, simples amas de terre entourés d'un petit grillage en bois, peint en blanc, où s'accrochent des lianes serpentines. C'est là que dorment, enterrés à la place même où ils succombèrent, comme les soldats sur un champ de bataille, les humbles victimes de la grande œuvre, blancs, noirs, jaunes, dévorés par les fléaux de l'isthme, la malaria, le typhus, les insolations. Combien sont-ils ? La légende a répondu par des chiffres formidables. Mais qui saura jamais la vérité ? La terre même, si on l'interrogeait, ne répondrait pas. Car ce peu qui reste de l'homme, cette chose qui, suivant Bossuet, n'a de nom dans aucune langue, ne dure guère ici et, dans ce sol surchauffé qui fermente au soleil, se dissout et disparaît dans des transmutations rapides.

Sous la pluie chaude du tropique, tout se consume vite et la nature est ici plus dévorante qu'ailleurs. De l'acide carbonique, de l'ammoniaque et de l'eau promptement évaporés, un peu de phosphates, bientôt absorbés par une végétation fougueuse, et du corps le plus robuste et le plus beau il ne reste rien, moins que rien, le néant. Le monde minéral a repris et dispersé ce qu'il avait prêté pour un jour, et si, dans le grand Univers, pas un atome de la matière de tous ces corps ne s'est perdu; de ce qui fut des formes humaines, animées pour un temps par ce ressort inconnu dans son essence, par cette force la plus mystérieuse de toutes, la psyché antique, la vie, que reste-t-il ? Sinon le principe lui-même, l'âme éparse et unique incessamment réincarnée, comme la flamme emblématique qui, dans une lampe sacrée, rallume une autre flamme avant de s'éteindre :

.... *vitaï lampada tradunt.*

Mais au sein de cette nature où la vie végétale montre tant d'exubérance et de splendeur, la vie animale est misérable, au moins dans ses types supérieurs, et la lutte pour l'existence lui est défavorable. Dans les savanes, sortes de plaines, de grandes clairières, que laisse par-ci par-là, la forêt vierge, on aperçoit, sur le bord de la ligne ferrée, des villages misérables dont les maisons, si l'on peut appeler ainsi des barraques affreuses bâties avec des planches de caisses à cognac ou à savon, des lambeaux de zinc ou de tôle, des fragments de paillassons ou de toile d'emballage, abritent des noirs ou des Chinois déguenillés. Ces cases sont surélevées au-dessus du sol et bâties sur pilotis. C'est presque l'habitation lacustre, et aux époques des grandes crues, l'eau doit venir inonder le sol des villages et compléter leur caractère de demeures préhistoriques. Autour de quelques *ranchos* colombiens, paillottes faites de roseaux, on aperçoit des cultures de bananiers, seule ressource alimentaire de ce pays. Pas d'animaux autres que des chiens efflanqués et quelques poules, et par-ci, par là, un maigre cheval à l'échine lamentable, aux apophyses saillantes, comme les dents émoussées d'un vieux râteau.

Ce n'est que vers le milieu de l'isthme que les travaux du canal deviennent un peu apparents et visibles du chemin de fer. On voit ça et là, sur de petites éminences, les villages, aujourd'hui morts, bâtis par la Compagnie du Canal pour ses employés. Barraquements en planches, simples mais bien construits, aux toitures de zinc ou de tôle galvanisée qui resplendissent au soleil; mais tout est fermé et désert. Les employés français sont partis. Une tristesse morne pèse sur ces villages abandonnés. Le consul anglais de Colon vient de rapatrier sept mille noirs à la Jamaïque, et le consul français a rapatrié, de son côté, les nègres venus de la Martinique et de la Guadeloupe. Le grand exode noir est fini.

On croise et on recroise le rio Chagres dont les eaux, en ce moment, roulent pacifiquement et comme endormies vers la mer. Mais, vienne la saison des pluies, la paisible rivière se réveille torrent furieux, et ses eaux, grossies par des averses diluviennes, descendent avec un fracas terrible entraînant des quartiers de rocher et des troncs d'arbre et viennent inonder, sous des crues de dix mètres, la plus grande partie de la vallée et submerger la voie du chemin de fer. Le Chagres et la Culebra, l'eau et la montagne sont les deux grandes difficultés du canal, l'écueil contre lequel, sans parler du brigandage des entrepreneurs et des chefs, est venue se heurter et sombrer l'entreprise.

Par-ci, par-là, nous rencontrons des

chantiers abandonnés, des milliers de petits wagonnets Decauville hors des rails, culbutés, des locomotives désemparées, de grandes dragues immobiles, récemment repeintes en rouge en prévision du long chômage, gardées par un homme solitaire qui a l'air d'un gardien de cimetière, attendant une résurrection qui ne viendra pas.

Oui, c'est bien ici un tombeau, le tombeau des milliards et des chimériques espérances! Le tombeau d'innombrables existences depuis celles des humbles noirs, foule anonyme aussitôt oubliée, jusqu'aux existences précieuses et longtemps pleurées des plus savants ingénieurs fauchés comme Léon Boyer. Et de toutes ces choses muettes, de ces machines naguère vivantes, aujourd'hui éteintes et en proie à la rouille, et qui ont déjà l'air de n'être plus que des ombres, de ce sol éventré se dégage, comme en un champ de bataille de Titans, l'impression mélancolique et lugubre de l'œuvre inachevée, de la défaite de l'homme vaincu par le destin. A l'activité bourdonnante et grosse de promesses des premiers temps, au *fervet opus*, plein d'animation et de bruit, des jours — trop courts hélas! — où la caisse était pleine, a succédé l'immobilité lamentable de la faillite, le silence solennel des grandes choses mortes...

..... *pendent opera interrupta.*

.·.

Nous traversons encore, après la *Culebra*, une grande étendue de broussailles, et voici Panama qui parait au pied du *Cerro de Ancon*. La gare est assez loin des premières maisons et l'on traverse, pour entrer en ville, un faubourg tout grouillant de négrillons peu vêtus, ou même absolument nus, avec leurs membres grêles de singe et leur gros ventre de magot.

C'est ici que la justesse du vieux proverbe *tempus edax, homo edacior* apparait dans toute sa vérité. Plus encore que le temps, l'action des hommes a fait de Panama, jadis cité puissante et prospère, un amoncellement de décombres et de ruines. Les guerres de l'indépendance, les émeutes, les incendies extraordinairement fréquents et presque toujours criminels, ont laissé partout la trace de leur passage. Pendant la traversée rapide de la ville, dans la voiture qui nous mène de la gare au Central-Hôtel, et de celui-ci au quai d'embarquement, j'ai eu le temps de voir de grands pans de murailles calcinés, des couvents ou des églises ruinés, des patios déserts envahis par la végétation sauvage, les vastes bâtiments de la Compagnie du Canal fermés et muets, bref un aspect de ville mise à mal par quelque grand fléau!

Le centre de la ville, c'est-à-dire la place de la Cathédrale, avec son joli square et les belles maisons qui l'entourent, surtout le bâtiment du Central-Hôtel, grand caravansérail cosmopolite, a cependant assez bon air. Mais nous ne séjournons que quelques heures, le temps de déjeuner et de prendre son billet pour les escales du Pacifique, et je ne puis visiter à fond la capitale de l'État de Panama restée, pourtant, malgré sa déchéance, l'une des villes les plus importantes de la Colombie.

Grâce au concours du nègre Carlos, un nègre très débrouillard et né pour les affaires, je n'ai pas eu l'odieuse corvée du transbordement de mes bagages du chemin de fer au bateau. Carlos a pourvu à tout, et, au moment de monter sur le *Morro*, le petit remorqueur qui va nous conduire au *Mapocho* ancré à une certaine distance, je le trouve sur le quai d'embarquement attendant ses clients. Avec ses grands favoris, ses lunettes, son fin panama, sa jaquette d'alpaga, ses bas blancs et ses pantoufles écarlates, il a l'air d'un vrai gentleman. Il fume des cigares, sans doute exquis, à voir l'air satisfait dont il en renvoie la fumée. Très obligeant... en payant cela s'entend. Il accepte toutes les monnaies, mais ne pratique pas le change et ne veut rien connaitre à la prime de l'or. *No soy comerciante!* dit-il avec dignité, et il daigne recevoir l'or français, ou les aigles des États-Unis, au pair avec le cuivre argenté colombien.

Nous n'avions que l'embarras du choix pour notre traversée du Pacifique et deux bateaux le *Mendoza* de la Compagnie Anglaise, le *Mapocho* de la Compagnie Chilienne sollicitent, par des rabais de prix énormes, la préférence des voyageurs. J'ai choisi le *Mapocho* qui arrive plus tôt et où, dit-on, l'on est mieux. Mais une famille bolivienne a obtenu du *Mendoza* une telle réduction de prix, qu'elle paiera à peine sa nourriture et aura le passage de Panama à Mollendo, soit quinze jours de traversée, pour rien ou à peu près. Inutile d'ajouter que c'est le départ simultané des deux bateaux qui produit cette concurrence. Quand il n'y a qu'un seul bateau en partance de l'une ou de l'autre Compagnie, les tarifs se relèvent dans de fortes proportions.

Ainsi me voilà, à mon tour, sur cette mer Pacifique, sur ce grand Océan que, du haut de la Cordillère de l'isthme, Balboa contemplait, il y a quatre siècles, avec une admiration mêlée de terreur, tout en en prenant possession au nom du roi son maître. Qui m'eût dit, il y a six mois seulement, que ses vagues me porteraient un jour?

De quels secrets ressorts sommes-nous les jouets, si le vent qui souffle peut déraciner et emporter le chêne qui semblait à jamais fixé sur son rocher? Et qui donc est le plus mobile de l'esprit de l'homme ou des flots de la mer?

Océan Pacifique, 1ᵉʳ septembre.

Le *Mapocho* est un honnête bateau. S'il n'offre pas le confortable luxueux et la vitesse des grands transatlantiques d'Europe, il est suffisamment aménagé pour le parcours de Panama à Valparaiso. Nouveau bateau, nouvelles figures. La plupart de ces voyageurs embarqués à Panama reviennent aussi d'Europe, mais par la voie de New-York. Les Français, si nombreux au départ de l'*Amérique,* se sont égrenés tout le long du chemin et ne forment plus qu'un bien petit groupe. On se sent de plus en plus dépaysé. Les officiers du bateau et les mécaniciens sont anglais, les garçons ou *mozos* sont chiliens, la majorité des passagers sont équatoriens, péruviens ou boliviens. Quelques

Allemands d'origine, fixés depuis longtemps dans ce pays, voyagent pour leurs affaires. Je me trouve à table à côté de l'un d'eux, homme fort aimable. Il est, exactement, de la Suisse allemande. Il me parle souvent d'un célèbre naturaliste de son pays, le Dr Von Tschudi, qui a visité, il y a une quarantaine d'années, l'Amérique du Sud, et publié un gros ouvrage indigeste, mais plein de curieuses observations.

Ce ne sont pas seulement les figures des passagers, la disposition du bateau, les habitudes du bord, (repas, service des cabines, etc.,) qui sont changés, c'est aussi le climat. On est, dans ces parages, en pleine saison des pluies, et il tombe tous les jours des averses énormes. Aussi la température est relativement fraîche et infiniment plus supportable que dans le golfe des Antilles.

Le ciel toujours gris, toujours chargé de nuages, semble communiquer à cette partie du voyage une teinte maussade et attristante. Pas le moindre rayon de soleil le jour, pas une seule étoile la nuit. C'est lugubre. Et cela continue jusqu'à l'Equateur. Plus de gaîté, ni de bruit, comme sur l'*Amérique*, pas de manœuvres d'équipage, car les bateaux du littoral Pacifique, n'ont ni voile, ni mature, ni cordages.

Parfois, le jour, des troupes de dauphins, se promenant à fleur d'eau à quelques encablures du bateau ou suivant notre sillage, appellent un instant l'attention par leurs jeux nautiques. L'œil suit de loin les jets d'eau et les panaches de vapeurs qu'ils font jaillir de leurs narines. La nuit, un phare lointain pose son feu tournant sur le flot noir. Et c'est tout.

La pensée, que rien ne sollicite plus, replie son aile et s'endort dans une oisiveté contemplative, et, n'ayant rien à écrire sur mon journal de voyage, je laisse reposer ma plume engourdie par cette mélancolie ambiante.

4 septembre, rade de Guayaquil.

Ce matin, au lever, j'ai vu que nous étions mouillés dans un grand fleuve, en face d'une ville qui développe devant nous ses quais pleins d'animation. C'est Guayaquil, le Rotterdam de l'Ecuador. Nous attendons le bon plaisir de la Capitainie et de la Santé. Il est vrai qu'elles doivent visiter d'abord le *Mendoza*, arrivé quelques heures avant nous, et nous ne pouvons descendre à terre qu'après la délivrance de la *patente nette*. Enfin! les voici qui arrivent, sans se presser. Heureusement nous n'avons rien de suspect à bord, ni contrebande, ni fièvre jaune, les formalités paperassières seront vite remplies, et on va pouvoir débarquer. Il est déjà l'heure de déjeuner, quand on est à terre; il est déjà l'heure de rentrer à bord quand on a déjeuné. Je n'ai donc fait qu'entrevoir la cité de Guayaquil et, ne voulant pas imiter ceux qui parlent de tout, sans avoir rien vu, j'attendrai plus ample connaissance pour en parler.

Au sortir même du Guayas, nous commençons à ranger les côtes du Pérou et nous allons faire jusqu'au Callao, un ennuyeux cabotage, mouillant dans presque tous les petits ports de cette côte sans intérêt.

*
* *

5-9 septembre.

Quel triste et monotone défilé que celui des côtes du Pérou ! Nous ne perdons pour ainsi dire pas la terre de vue. Mais on aimerait mieux poser son regard sur les plaines sans horizon de la pleine mer, que de voir se dérouler, pendant des jours, ce panorama sinistre de dunes rougeâtres, pelées, sans un arbre, sans un buisson, sans une trace de verdure. Du sable, et toujours du sable et rien que du sable. Après l'Equateur, le pays où il pleut trop, le Pérou, le pays où il ne pleut jamais! Et l'on maugrée contre les lenteurs du voyage, les heures perdues dans les escales, l'insipidité de la vie du bord.

Dans ce cordon de dunes littorales, il y a des ports : Payta, Eten, Salaverry, Pacasmayo, Supe, etc. Bourgades étranges, composées de hangards, d'entrepôts, de barraquements en zinc ou en tôle galvanisée. Des tronçons de chemin de fer en partent et vont vers quelques villes cachées derrière ce premier plan de dunes : Piura, Chiclayo, Lambayeque, Truxillo, situées dans le débouché des vallées qui descendent de la Cordillère prochaine qu'on aperçoit dans l'arrière plan. Les eaux des courtes rivières qui sillonnent chacune de ces vallées servent à irriguer le sol et créent de véritables oasis, merveilleusement fertiles, où l'on cultive le blé, le riz, le maïs, la canne à sucre, où l'on élève des troupeaux. Mais, en dehors de l'étroite zone irrigable, c'est toujours le désert, le pays où le ciel, immuablement fermé, ne laisse jamais tomber ses bienfaisantes ondées. Et pourtant, l'on trouve, ensevelies dans le sable (à *Monte seco* par exemple) des forêts d'*algarrobos* (caroubiers) entièrement silicifiées, irrécusable témoignage que dans un passé très lointain, avant le soulèvement de la chaîne des Andes, qui a bouleversé le climat primitif, ces pays, aujourd'hui stériles, étaient couverts d'une végétation puissante.

Le vapeur s'attarde dans chacun de ces petits ports à débarquer du matériel pour les haciendas et les sucreries de la côte, à embarquer des fruits : oranges, ananas, chirimoyas, bananes, sandias pour Lima et les ports du Sud.

Dans la rade tranquille de Payta, nous prenons toute une cargaison de bestiaux. Tristes émigrants qui vont connaître les horreurs de la déportation et l'ironie sanglante des proverbes de l'Europe ! Ils viennent de l'intérieur. Ils ont quitté la pampa natale, ou descendent des alpages de la Cordillère. De grands radeaux, sortes de parcs flottants, les amènent sans défiance, par *manadas* de vingt-cinq à cinquante, près du bateau. On leur passe une corde en 8 de chiffre autour des cornes, et le treuil à vapeur les soulevant par cette corde, les enlève dans le vide, surpris, éperdus, sans un mouvement, sans un cri, les yeux égarés, et ils viennent s'abattre à la coupée de l'entre-pont, où deux *vaqueros*, profitant de leur ahurissement, les saisissent et les emmènent, sans résistance, dans les étables où ils les entassent, étroitement serrés l'un contre l'autre. Qu'on vienne leur parler maintenant du plancher des vaches! Ils y sont, ils le foulent sous leurs pieds. Et ce n'est encore que le commencement de leur infortune. De Payta au Callao, pendant huit jours, en proie à la faim, à la soif, à l'épouvante du roulis qui les secoue et les empêche de se reposer et de dormir, ils arrivent dans un état lamentable d'inanition et de fatigue. Beaucoup succombent en route et, chaque matin, on jette à la mer leurs cadavres. Mais la perte qui résulte de cette mortalité, coûte moins à l'entrepreneur que ne lui coûterait l'obligation de les nourrir. Ceux qui survivent sont dirigés vers les *potreros* (pâturages) qui entourent Lima, où ils engraisseront rapidement et se mettront en état de fournir à la capitale, de succulents *lomitos* et de savoureux entre-côtes.

.*.

8 septembre, Port du Callao.

Ce soir enfin, vers neuf heures, nous entrons dans le port du Callao. Ma navigation est finie et, demain matin, je mettrai le pied sur la terre des Incas, sur cette terre épique des *conquistadores*, jadis entrevue dans mes rêves d'enfant, comme un pays de merveilles, de trésors fabuleux et où je n'aurais jamais cru que je pourrais venir un jour. Je verrai ce pays dont le nom même évoque encore, pour l'imagination, je ne sais quoi d'étrange et de magique : l'ancien empire des fils du Soleil, le Pérou !

15 septembre, Lima.

O désenchantement cruel ! Prosaïque réveil des illusions rêvées ! Lima, la ville au nom si poétique et si doux, l'enchanteresse, que je me représentais comme une Circé, jetant, sur tous les voyageurs abordant en ses murs, un sortilège étrange et troublant, Lima, que les navigateurs nommaient la *perle, la reine du Pacifique*, Lima découronnée et banale, ressemble, aujourd'hui, à une ville d'Europe quelconque. Que sont devenus ce charme exotique, cette grâce enfantine de créole qui lui valurent, jadis, tant de sympathies enthousiastes de la part des Européens qui la visitaient ? Hélas,

Comme ils étaient du monde où les plus belles choses
Ont le pire destin,

ils ont disparu, allant grossir dans le néant le nombre infini des belles choses disparues.

La grande navigation à vapeur, en abrégeant les traversées et en multipliant les relations entre l'Europe et l'Amérique ; la diffusion de la presse quotidienne qui porte partout les idées, les habitudes, les mœurs de l'Europe ; le séjour d'un grand nombre de Liméniens dans les grandes capitales : Londres, Paris, New-York, où ils se sont imprégnés de l'esprit cosmopolite, tout cela a tué le passé si plein d'originalité et de charme, et fait disparaitre toute couleur locale.

Le Nouveau Monde est travaillé, comme l'Ancien, par une maladie, jadis inconnue, l'appétit déréglé du changement et de la nouveauté, et la courte vie d'une seule génération suffit à faire disparaitre, aujourd'hui, de vieux usages et d'anciennes mœurs plusieurs fois séculaires. Cette disparition a marché très vite à Lima, et ce qu'on est convenu d'appeler la civilisation et le progrès a étendu son niveau égalitaire et monotone sur l'ancienne et capiteuse *cité des rois*. Et puis la guerre et ses désastres, la débacle financière, ont achevé l'œuvre en emportant les derniers restes d'insouciance et de gaité.

Presque plus rien ne subsiste du pittoresque des anciens jours qui faisait de la vie un divertissement perpétuel. Plus de femmes en costume national de *saya y manto* qui leur donnait, ainsi voilées, un air provoquant de mystère; plus de promenades sous les *Portales* ni, suivant la saison, aux *Descalzos* ou à la *Alameda de Acho* où des centaines de *tapadas* [1] intriguaient les galants cavaliers, comme dans un bal masqué, et leur décochaient leurs plus piquantes réparties; plus d'*aguadores* [2] montés sur leurs ânes qui donnaient tant d'animation à la rue; plus de *fresqueras* vendant en plein air, sous les *Arcos*, la *chicha de piña* [3] et le *champuz de leche* [4] à une foule aristocratique et élégante; plus de bon nègres *fruteros*, la joie des petits enfants; plus d'antiques *balancines* conduites par un nègre à cheval, mais de vulgaires fiacres et des tramways; plus de folies, de belles *jeringadas* [5], de *confetti*, au temps du carnaval;

---

(1) Femmes dont la mante, rabattue sur le visage, cachait entièrement les traits.
(2) Porteurs d'eau.
(3) Bière d'ananas.
(4) Boisson faite avec du lait.
(5) Plaisanterie qui consistait à se lancer de l'eau au moyen de petites pompes à main (*vulgó* seringues).

plus de belles processions aux jours de la *Semana de dolores*, de *Quasimodo*, de *Corpus*, avec des escortes de géants et de diables et des longues files de pénitents multicolores comme à Séville ; plus de smala de nègres et de négresses dans chaque maison, comme aux bons temps de l'esclavage, où l'on avait tant de domestiques, et où l'on était si mal servi. En vérité je vous le dis, Lima, la Capoue du Nouveau Monde, Lima, la ravissante créole qui se sentait si heureuse de vivre, n'a rien conservé de ce qui faisait jadis le charme des yeux et l'agrément des touristes, et devant son passé détruit, sa petite âme est triste jusqu'à la mort !

. *.
* .

Mais que dis-je ? Non, Lima n'a pas tout perdu, car elle a conservé le plus vivace et le plus merveilleux de ses attraits, le joyau qui brillait autrefois dans un décor d'aspect provincial et suranné, mais qui ne brille pas moins aujourd'hui dans un cadre plus moderne et plus simple. Pour tout dire, en un mot, Lima a conservé la *Limeña*.

Je ne voudrais pas essayer de faire, après tant d'autres, un portrait littéraire et faux de la *Liménienne*. Le grand art (?) contemporain, la photographie, dispense aujourd'hui les écrivains de faire des portraits physiques toujours peu ressemblants et pour un *sol peruano* on peut avoir, chez Courret ou chez Castillo, une collection de portraits des plus jolies femmes de Lima, (ressemblance garantie), comme n'en feront jamais les simples virtuoses de la plume. — Oui, c'est une véritable fête pour les yeux de regarder ces photographies, et si la rétine est agréablement caressée par la vue de ces délicieux visages, à quelle acuité de sensation n'arrive pas notre centre cérébral, percepteur du beau, lorsque, au lieu de l'image muette et froide, il nous est donné de voir le modèle éclatant de vie !

C'est surtout dans l'expression étrange, indéfinissable de leurs yeux et de leur regard que réside le charme des Liméniennes. Je me souviendrai toujours de deux yeux entrevus à l'église de la Merced et qui illuminaient, dans l'ombre, un visage de jeune fille à demi caché par la *manta*. Je le dis, sans aucune métaphore, des escarboucles, des diamants n'eussent pas jeté un éclat plus troublant et plus vif. Si le *fluide* n'est pas un vain mot, on comprend quel magnétisme, quelle force *neurique* doit se dégager de deux yeux pareils. Aussi un vieux dicton liménien sur les races du pays dit que, parmi les femmes du Pérou, les indiennes ont leur force dans les pieds, les négresses dans la langue, et les blanches dans les yeux.

Ce charme inexprimable, cette grâce qui se dégage de toute la personne et vient s'ajouter à la beauté, pour en multiplier l'effet sur le faible cœur des hommes, ont été résumés par un mot bien expressif. On les appelle *la sal*, le sel. C'est, en effet, l'indispensable condiment de la beauté, sans lequel la femme, avec la plus merveilleuse plastique, n'est qu'une beauté correcte et glacée, un splendide bibelot peut-être, mais un bibelot que n'anime pas la vie. La *muger salada*, c'est la femme à la fois jolie, spirituelle, gracieuse, piquante. Et tout cela qui est presque la perfection, l'idéal, n'est pas rare à Lima, à qui peu de pays peuvent envier le privilège d'avoir des femmes plus vraiment femmes. Aussi peut-on appliquer fort bien à cette cité privilégiée les paroles de ce refrain populaire, de cette *seguidilla* galante que j'entendais chanter l'an passé à Séville :

> *Una tarde en el cielo*
> *Se armó la gorda,*
> *Porque encontró San Pedro*
> *La puerta rota.*
> *Contando al otro dia*
> *Los Angelitos,*
> *Vió que faltaba de estos*
> *El mas bonito.*
> *Yo, mas afortunado,*
> *Lo hallé en Sevilla,*
> *Envuelto entre los pliegues*
> *De una mantilla.*

Un soir dans le ciel — s'éleva la dispute — parce que Saint-Pierre trouva — la porte enfoncée. — Le lendemain en comptant — les petits Anges, — il vit qu'il en manquait un — le plus joli. — Moi plus heureux — je l'ai trouvé à Séville, — enveloppé dans les plis — d'une mantille.

Il est intéressant, pour un curieux de la nature, d'étudier les conditions du développement d'un type humain aussi remarquable que le type Sud-Américain ou même, pour *serrer* plus étroitement le sujet, le type liménien. Il est certain que l'influence des croisements de la race espagnole avec la race indienne, aux premiers temps de la conquête, a joué un rôle prépondérant dans la constitution du type et que le mélange des sangs a perfectionné la race. Dans tous les pays où il y a eu des croisements de races, la beauté des femmes s'est développée beaucoup plus que dans les pays où la race est restée pure de tout mélange. Le type andalous est le résultat du croisement des Espagnols et des Maures. Le type italien nous représente le mélange du sang romain et du sang des nombreux envahisseurs, depuis la décadence de l'empire jusqu'au Moyen Age; le type arlésien de même, etc., etc.

Au Pérou, comme au Mexique, les *Conquistadores* venus d'Espagne n'avaient point amené d'Espagnoles avec eux et ils durent, par la force même des choses, contracter des unions, les unes passagères, les autres durables, avec les femmes du pays. Comme les anciens conquérants de l'antiquité, ils prirent ou reçurent en don les plus belles femmes, filles, sœurs ou épouses des chefs vaincus, c'est-à-dire des Incas, et ces femmes, dont le type actuel des Indiennes du peuple ne peut nous donner qu'une fausse idée, étaient certainement fort belles. Dans le tableau qui représente la mort du dernier Inca, on voit, autour de l'infortuné Atahualpa, un groupe de femmes d'une incontestable beauté, et le peintre contemporain qui a peint ce tableau n'a certainement pas dû s'éloigner beaucoup de la vérité, car on voit encore dans certaines parties du Pérou, à Tarma notamment, à Ayacucho, de jeunes Indiennes dont la physionomie est fort agréable.

C'est ainsi que, par voie de rapt ou de tribut de guerre, les compagnons de Pizarre et d'Almagro se constituèrent une famille. Pizarre, le grand marquis, eut lui-même pour maîtresse la propre sœur d'Atahualpa, la belle doña Angelica. Ainsi s'établit, du chef aux soldats, la fusion des deux races, fusion qui se continua longtemps encore et d'où sont sortis les beaux types liméniens actuels.

Sans doute, depuis longtemps, le mélange des sangs a cessé, et les descendants de ces premiers métis tendent à revenir à la race espagnole plus qu'à la race incasique, mais les heureux effets du croisement se font certainement sentir encore et plus d'une famille à Lima pourrait faire remonter, par les femmes, son origine aux empereurs du Pérou, aux Incas, fils du Soleil.

C'est cette antiquité d'origine qui se perd dans la légende. ce croisement de deux races, de part et d'autre et depuis longtemps hautement différenciées, qui ont constitué le type si remarquable de la Limeña de la haute classe. Type quintessencié où les marques les plus rares de l'aristocratie physique, de la *sangre azul*, finesse, devenue proverbiale, des pieds et des mains, beauté du visage, élégance de toute la personne, s'allient le plus heureusement du monde aux manifestations les plus précieuses de l'aristocratie intellectuelle : l'esprit naturel, la saillie vive et fine, la fraîcheur et l'aptitude d'un cerveau capable de tout comprendre, sans avoir rien appris, comme une plaque ultrasensible de photographe que la moindre lumière, un éclair instantané et fugitif suffisent à impressionner pour toujours. Et, comme il arrive trop souvent, le développement des qualités de l'esprit n'a pas nui au développement des qualités du cœur. Nulle femme n'a, plus que la Liménienne, le sentiment et l'amour innés de la famille, source féconde des vertus les plus hautes, l'esprit de dévouement et l'amour de son pays.

Emportés par la *furia* que nous mettons en toutes choses, nous travaillons en France, depuis quelques années, à faire de la femme, une mauvaise copie de l'homme. Si cela continue, la Française du XXe siècle, reniant toutes les traditions qui l'ont placée si haut dans le passé, mettra sa gloire de jeune fille à conquérir des diplômes, et son amour propre de femme diplômée à revendiquer les fonctions sociales de l'homme. Nous avons déjà la femme médecin, la femme avocat, la femme professeur, la femme journaliste ; bientôt nous aurons la femme officier, la femme ingénieur, la femme magistrat, puis la femme élective : députée, sénateuse, ministre. C'est très bien, puisque l'aveuglement du plus grand nombre, l'entraînement de la mode et enfin la logique du principe d'où l'on est parti le veulent ainsi.

Mais a-t-on songé aux multiples inconvénients de cette façon d'agir ? Je ne voudrais pas jouer ici les Chrysale et répéter, ce qui n'est que trop évident, que le flot montant des innombrables jeunes filles aujourd'hui pourvues de brevets, des bachelières, des licenciées, des agrégées, des doctoresses va peupler le monde de bas bleus parfaitement ignorants de l'art, plus rare et plus important qu'on ne pense, de bien tenir une maison et de bien élever des enfants. Cependant, pour désagréable que soit le pédantisme, ce n'est pas là le pire inconvénient de cet état de choses.

A vouloir pour les femmes, au lieu des clartés dont se contentaient nos pères et qui laissaient à leur esprit toute sa grâce, sa fraîcheur, sa souplesse, à vouloir, dis-je, qu'elles possèdent maintenant, sur toutes choses, une science documentée et positive, lourd bagage qui ne s'acquiert qu'au prix des plus rudes efforts, on risque de déformer à la fois leur esprit et leur corps, de rompre en tout cas l'harmonie du type qu'une longue suite de générations avait créé et qui, de par un caprice de la mode, aurait tout-à-coup cessé de plaire ! Qui ne voit que c'est faire implicitement ainsi le procès de nos aïeules et de nos mères, et le nôtre aussi par conséquent ?

Avec un aveuglement extraordinaire, on semble oublier que, dans l'avenir, la fonction des femmes sera, comme elle l'a été dans le passé, de faire des enfants et de les élever. On n'a plus l'air de voir en elles que de gentils camarades de plaisir, poupées bien habillées et frottées à fond de littérature et autres sciences livresques.

Mais, dans cette ardeur à *potasser* des examens parfaitement inutiles, qui les entraine toutes aujourd'hui, et leur fait oublier les exigences de l'hygiène, les jeunes filles ne laisseront-elles pas quelque chose de leur développement physique, de leur santé à venir? Les névroses ne sont-elles pas assez développées, en cette fin de siècle, pour qu'il soit urgent de refaire au plus vite, aux jeunes filles d'à présent qui seront les femmes de demain, des muscles vigoureux, des poumons et un estomac solides, un système nerveux calme et bien équilibré? Comme les anciens étaient plus raisonnables et plus prévoyants que nous! Il se gardaient bien d'exalter le système nerveux, chez les jeunes filles, par une culture cérébrale intensive, d'anémier leur constitution par la vie confinée des salles d'études, car ils savaient qu'un sang généreux et riche est le meilleur préservatif des névropathies, des détraquements nerveux que nous observons, de jour en jour plus nombreux, et qui vont se répercuter, en s'amplifiant, sur les générations à venir. Conformant leurs actes à leurs doctrines *(sanguis moderator nervorum)*, ils laissaient la plante humaine se développer librement dans son milieu naturel. Ils étaient des sages, nous sommes des fous :

Le Pérou n'est pas encore infecté du virus

de la femme savante. Pour le plus grand bonheur de ses habitants, j'espère que cette *influenza* n'y sévira pas.

Oui, restez de l'ancien temps en cela ô Liméniennes! Conservez votre dédain des brevets, des diplômes, qui font les pédantes. Contentez-vous de votre suprématie incontestable dans les rôles successifs de *novias*, d'épouses et de mères que vous a confiés la nature. Nées pour plaire et pour aimer, vous avez assez de science si vous savez charmer et diriger votre maison. Cultivez votre esprit naturel, votre *sal*, ne l'opprimez pas sous un vain bagage d'érudition historique, de grammaire, de chimie, de linguistique; ignorez à jamais l'algèbre et les concepts de la psychologie. Votre royaume est incontesté, c'est celui de la grâce et de l'amour. N'en sortez pas, si vous voulez continuer à y régner, et à régner même, par influence, sur le royaume des hommes. Souvenez-vous que ce qui plait dans la femme c'est tout ce qui la fait différer de l'homme, et qu'elle est d'autant plus parfaite qu'elle lui ressemble moins.

Plutôt que de revendiquer, comme les émancipatrices *yankees* ou *françaises*, si peu femmes, le droit d'exercer les professions ou les droits politiques des hommes, répétez les adorables strophes du chœur des femmes, dans la *Double prière* de Renan, strophes qui semblent avoir été inspirées par vous.

« O Dieu ! subordonnées à tes fins, nous serons toujours bonnes, dociles et soumises. Nous aimerons les hommes et nous les servirons. Nous chasserons de leur esprit les pensées tristes ; au besoin nous leur dirons des folies. Serait-il possible que tu veuilles la tristesse de tes créatures ? Non, non. O Créateur mystérieux, si ton dessein était sombre, pourquoi aurais-tu caché la joie dans notre sein ? »

Et plus loin :

« Nous abdiquons éternellement toute pensée virile. Sachant que ce qui plaît en nous c'est toi-même, notre unique pensée sera de plaire. Nous cultiverons notre beauté voulue par toi ; et, l'associant indissolublement à l'idée de vertu, nous assurerons, par le charme qui s'exhale de nous, le triomphe du bien. »

On voit qu'il n'est nullement question là-dedans, de rechercher des diplômes ou de revendiquer des droits illusoires.

Et c'est pour cela que la Liménienne, même dans la haute classe, a gardé, et c'est une de ses gloires, une fécondité que la vie artificielle des Françaises du monde leur a fait perdre, ou plutôt, repousser comme un fléau.

Le premier jour de mon arrivée ici, je faisais visite chez une dame de la haute société qui a eu douze enfants et à qui de si nombreuses maternités, qui ont élargi son cœur, en l'emplissant de toutes les vertus de la mère de famille, n'ont enlevé ni sa bonne humeur, ni son amabilité, ni la distinction de son esprit, ni rien, en un mot, de ce qui fait le charme moral de la femme. Elle ne se reconnaîtra pas dans ce portrait qui s'applique à la généralité de ses compatriotes.

Le lendemain, en visite chez une de ses filles, toute jeune femme, je voyais dans le salon deux charmants bébés sur la gentillesse desquels je ne pouvais m'empêcher de la féliciter.

— Oh! vous ne voyez pas tout, me dit-elle.

— Et comme je lui disais qu'une Française se déclarerait pourtant satisfaite.

— Les Françaises ne sont pas nos modèles en cela, fit-elle, avec une petite moue de dédain. Savez-vous combien j'ai d'enfants?

— Et, voyant que j'avais l'air de la trouver bien jeune pour la gratifier d'une nombreuse progéniture, allez, me dit-elle, je parie que vous ne tomberez pas juste!

— Vous en avez cinq, sans doute, lui dis-je,

croyant aller à l'extrême limite de la générosité.

— Que vous êtes loin, répond-elle, en éclatant de rire et en jouissant d'avance de mon étonnement : *Tengo diez !* J'en ai dix !

Et c'était vrai. Au temps des grandes âmes romaines, Cornélie n'était pas plus fière de ses fils, son unique parure, que cette jeune Liménienne ne l'était de pouvoir dire devant un étranger : *Tengo diez niños !* J'ai dix enfants ! Et elle me semblait ainsi, dans l'auréole de sa maternité grandissante (1), la vivante illustration de cette pensée antique d'un auteur très moderne : « La maternité, c'est le patriotisme des femmes ! »

Qu'un tel état d'esprit est loin de celui de nos Parisiennes, uniquement affamées d'élégance et de cabotinisme, poussant jusqu'à l'outrance la recherche, en toutes choses, de l'étrange et de l'inédit, n'ayant d'autre règle de conduite que les caprices d'une imagination « fin de siècle », considérant comme le comble du vieux jeu l'amour, la maternité, le devoir, aujourd'hui fanatiques du boudhisme et de l'*Hippique*, et mettant

---

(1) Elle a aujourd'hui douze enfants.

demain le *cycling* et l'hermétisme à la mode!

Aussi quelles que soient les vicissitudes et les traverses que les révolutions, la guerre, les désastres financiers, imposent à un peuple, ce peuple n'est pas près de périr, je dis même qu'il n'est pas loin de se relever, lorsque sa fécondité atteint un tel niveau, lorsque le sentiment de la famille y est porté à ce degré de puissance, et que ses femmes, gardant la notion tutélaire de leur rôle social, savent y mériter cet éloge du poète :

Quand tout se fait petit, femmes, vous restez grandes !

Lima, 16 septembre.
En la calle.

L'impression générale que produit aujourd'hui Lima sur l'étranger, est à peu près celle d'une ville européenne. Régulièrement bâtie, avec des rues se coupant à angle droit, elle n'offre pas l'imprévu des vieilles villes irrégulières qui se sont développées lentement et dont chaque maison raconte l'histoire d'un passé lointain. Ses trois siècles et demi d'existence, son climat sans intempéries, ne lui ont pas encore donné cette patine du temps, qui est souvent la seule beauté des choses très anciennes, et les files de ses maisons se prolongent monotones et tristes sur des longueurs considérables. Leur seul cachet un peu marqué est dû à la présence de balcons vitrés, les *ventanas*, analogues aux *bow windows* des Anglais.

Les maisons, avec un *patio* intérieur, ou cour carrée, à la mode andalouse ou hispano-mauresque, n'ont en général qu'un rez-de-chaussée et un premier étage. Dans les faubourgs, il n'y a que le rez-de-chaussée. La superficie occupée par cette ville de 150,000 habitants est donc énorme, relativement à sa population. Cet usage de ne donner aux maisons qu'une faible hauteur est nécessité par la fréquence des tremblements de terre, dont quelques-uns, restés légendaires, ont causé les plus grands ravages.

L'architecture a donc dû s'adapter à des conditions tout-à-fait spéciales et renoncer, non seulement aux maisons hautes et massives des villes de l'Amérique du Nord où l'on voit des maisons à seize étages, mais même aux constructions plus modestes à trois ou quatre étages des villes d'Europe.

Le rez-de-chaussée est le plus souvent en briques et l'étage ou les étages supérieurs, dans les rares maisons où il y en a deux, sont en bois et en terre.

La région de la Costa au Pérou, autrement dit le littoral pacifique, manque absolument d'arbres et il faut amener le bois de construction de l'Amérique du Nord ou de la Norwège. Dans les maisons neuves, on emploie aujourd'hui le sapin du Nord. Mais jadis, quand la navigation était peu développée, on n'avait pas d'autre ressource que les arbrisseaux qui poussent dans les sierras voisines. Aussi, dans les édifices anciens, la carcasse supérieure du bâtiment est faite en brins de bois tressés comme un panier ou une claie. Cette vannerie sert de support, en dehors et en dedans, à un fort hourdis de terre gâchée, et un enduit de plâtre vient recouvrir le tout et masquer l'indigence des matériaux mis en œuvre.

C'est cette dernière couche qui reçoit la décoration qu'il plait à l'artiste de donner, tantôt une peinture unie aux tons rosés, bleu clair, ocre lavé, cendré, vert très pâle, etc., tantôt des moulures en plâtre, formant des cannelures, des colonnes, des frontons et donnant plus ou moins bien l'illusion de façades grecques, romaines ou renaissance. Quelques maisons ont ainsi assez grand air par comparaison avec la simplicité des autres. D'autres fois, à la mode italienne, tous les reliefs, moulures, frontons, corniches, mascarons, balustres, sont simplement peints.

C'est le triomphe du trompe-l'œil et du postiche. A l'intérieur, les murs du patio sont souvent ornés de grandes fresques à la détrempe représentant des scènes diverses.

Tant de peinture murale, tant d'amour du badigeon n'est possible que dans un pays où il ne pleut jamais. C'est aussi pour cette raison que les maisons n'ont pas de toiture et sont simplement surmontées d'une terrasse en terre battue. Mais ces terrasses, perchoir habituel des *gallinazos*, n'ont pas le charme poétique de celles de l'Orient où les femmes viennent le soir prendre le frais et flirter avec les étoiles. Elles rappellent plutôt les terrasses de photographe et servent à d'humbles usages domestiques : on y secoue les tapis et on y fait sécher le linge.

L'intérieur de ces maisons dont les pièces sont généralement vastes, les familles étant nombreuses, est meublé à l'européenne. Ce n'est plus la simplicité, parfois cossue, mais d'aspect provincial, d'il y a seulement quarante ans. On trouve partout maintenant la recherche du confortable et du luxe. Le bibelot même commence à sévir. Dans les maisons de la haute société, qui jadis, avant la guerre, recevait beaucoup, il y a toujours deux ou trois salons souvent fort élégants, et où on reconnait le goût affiné des charmantes Liméniennes. Positivement, il n'y a pas trop de choses criardes et de goût douteux, quoique les Allemands et les Américains du Nord cherchent à écouler ici des objets et des ameublements d'un luxe faux.

Malgré les prix très élevés auxquels ils reviennent ici, c'est toujours aux articles fabriqués à Paris, qu'on accorde la préférence. Mais, comme le milieu physique dans lequel nous vivons réagit sur tout, même sur les moindres détails de notre existence! Par suite de la douceur du climat (12° de l'équateur), les appartements n'ont pas de cheminée, puisqu'on n'a jamais besoin de se chauffer. Or (vous n'y avez peut-être pas réfléchi), il est difficile de bien meubler un salon qui n'a pas de cheminée. La cheminée est le centre de la pièce, le cœur, je devrais écrire chœur, car c'est comme une sorte de sanctuaire. C'est auprès d'elle, en effet, que la déesse de céans reçoit les hommages, quelquefois l'encens des visiteurs, écoute les bavardages des visiteuses. C'est sur sa tablette de marbre ou de peluche que les plus beaux objets d'art, les glaces, les lumières attirent tout d'abord l'attention.

Dans un salon sans cheminée, les quatre parois ont la même valeur, et le visiteur qui entre ne sait où se diriger. C'est comme une église où il n'y aurait pas d'autel. Aussi, dans quelques salons, a-t-on tourné la difficulté en installant, comme dans les décors de théâtre, une cheminée postiche.

Oh! il faut signaler un détail choquant qu'on retrouve, d'ailleurs, dans toute l'Amérique espagnole, c'est la profusion, l'abus du crachoir, qui s'étale partout, jusque dans les salons les plus aristocratiques où il y en a un à côté de tous les fauteuils, de tous les canapés. Certes, ce crachoir a la valeur d'un document humain, non-seulement au point de vue physiologique, en nous révélant l'habitude universelle de fumer, mais encore au point de vue psychologique, en nous montrant que les hommes ne fuient pas volontiers, comme en France, la société des femmes pour s'enfermer dans un fumoir, affreux *androcée* empesté. Et vous voyez d'ici, sans que je les développe, toutes les conséquences sociales de ce simple fait. Mais, c'est égal, il y en a trop.

A la Chambre des députés, le crachoir n'est plus un fait, plus ou moins discret, c'est une institution! Il y a cent-dix fauteuils pour les députés, et il y a cent-dix crachoirs rangés en bataille! Quelle glorification pour ce petit meuble, même ceux qui se taisent tiennent le crachoir!

Essayez donc aimables Limeñas qui avez mieux aimé accueillir cette vaisselle émonctoire dans vos salons que vous séparer des hommes, fûssent-ils des fumeurs endurcis, essayez d'en diminuer un peu le nombre ou d'en dissimuler au moins le caractère *shocking*.

Lima, 17 septembre.
El Panteón.

Les cimetières en Amérique portent le nom de Panthéons, non que tous les Américains se croient des grands hommes, mais parce que l'emphase est le fond de leur caractère et que ce mot-là sonne bien. C'est le soleil qui veut ça. En France aussi, coquin de bon sort! on aime les mots qui ont des panaches. Qu'en dit-on à Tarascon ou à Marseille?

Donc les Liméniens sont fiers de leur *panteon* (puisque panthéon il y a), le plus vaste et le plus riche en monuments de toute l'Amérique du Sud. Le docteur F... de Guayaquil, arrivé avec moi par le *Mapocho*, a voulu le visiter. Je n'y serais peut-être pas allé tout seul, ayant déjà vu les cimetières de

Barcelone; de Madrid, de Gênes. Je n'ai pu refuser d'y accompagner mon aimable confrère.

C'est le système du *Columbarium* romain, c'est-à-dire de rangées superposées de niches, creusées dans une haute muraille, et dont l'ensemble représente, si l'on veut, des trous de colombier, d'où son nom. Les morts ne sont pas enterrés mais emmurés.

Une fois occupées, les niches à concession perpétuelle ne sont plus ouvertes ; les niches temporaires sont ouvertes au bout de dix-huit mois à trois ans, et on en brûle tous les cadavres. Ce grand déménagement où la dépouille du pauvre est arrachée à sa funèbre demeure, pour laisser la place à une autre qui semble lui dire « ôte-toi de là, que je m'y mette » est navrant et rappelle les exhumations en masse des charniers du moyen âge. Quoi, pas même le repos et la paix dans la mort pour ceux dont la vie ne fut qu'une douloureuse lutte contre la misère ! C'est en plus une opération dangereuse contre laquelle proteste l'hygiène, car on a remarqué que les épidémies de variole et d'autres maladies infectieuses s'abattent sur Lima chaque fois qu'on retire des niches populaires, pour les soumettre à la crémation, des cadavres incomplètement consumés. Il serait bien préférable, surtout dans ces pays, de crémer immédiatement après la mort. La crémation pratiquée par les Romains est réellement le meilleur des systèmes d'inhumation, mais quelques libres penseurs et matérialistes bruyants lui ont fait un tort énorme par leurs manifestations intempestives.

Autrefois, avant le cimetière actuel qui date de 1808, on enterrait dans les cloîtres ou les patios des innombrables couvents, et dans les caveaux des Eglises. Aujourd'hui encore, les couvents toujours nombreux, quoique infiniment moins que jadis, ont leurs cimetières particuliers, plus ou moins bien tenus, en pleine ville, et on ignore ce qui s'y passe. On n'y enterre naturellement que les membres de la communauté, mais on frémit quand on pense que l'ignorance et l'entêtement de quelques nonnes peut laisser infecter toute une grande ville par le choléra, la variole, ou quelque autre peste semblable.

Pendant que, dans la voiture qui nous conduit, notre cicérone nous donne tous ces renseignements, nous voici arrivés devant la grille monumentale du cimetière. Nous la traversons, ainsi que la grande chapelle située à l'entrée, et nous sommes dans le *Campo santo*. De chaque côté de la grande allée, s'élèvent des monuments funéraires dans le goût italien, c'est-à-dire avec des groupes en marbre de grandeur naturelle, où l'on voit reproduits, dans les attitudes passionnelles du désespoir, une épouse embrassant le corps de son époux, un fils agenouillé devant le buste de sa mère, etc.

Ces manifestations théâtrales de la douleur me rappellent les chefs d'œuvre qu'on voit, en ce genre, dans les galeries du cimetière de Gênes. Mais ici, comme à Gênes, cette sculpture où un virtuose du ciseau, non une âme d'artiste, a reproduit, avec la fidélité d'un photographe, des détails infimes, les nœuds d'une ceinture, les plis d'un vêtement banal, heurte quelque chose en moi et, loin de m'attendrir, au souvenir de la mort, devant cette douleur qui pose, je souris et je m'étonne de tant de vanité : *guardo e passo*.

Oui, un humble bouquet de violettes accroché à une grille ou posé sur une modeste dalle, ou encore, malgré sa note romantique, un saule ombrageant un carré de gazon, me touchent plus, je l'avoue, que le superbe tombeau élevé au roi Mausole par la reine de Carie. Je ne puis oublier, en présence de ces merveilles d'art funéraire, que si, dans les premiers éclats de sa douleur, la princesse Colette a décidé d'élever au prince, son époux, un somptueux monument qui traduira le veuvage éternel de son cœur, elle ne tardera pas, dans le monument même encore inachevé, à flirter avec l'architecte chargé d'interpréter sa douleur, le jeune et élégant Paul Astié !

Certes les chevaliers du moyen-âge sculptés sur leurs tombeaux, avec leur épée en guise de croix sur la poitrine, le casque ou le tortil en tête, m'impressionnent et je les trouve grands. Mais, qui oserait soutenir que les bourgeois de notre époque, en veston et en chapeau mou, sont faits aussi pour le marbre? Et cette famille entière, femme, filles, gendre, sculptée en grandeur naturelle autour du lit de mort de son chef, comme on le voit au *Campo Santo* de Gênes, n'offre-t-elle pas le comble du grotesque et ne fait-elle pas, involontairement, songer à un musée forain de figures de cire ?

Ne transportons pas nos petitesses, nos vanités, dans l'asile sacré où sont les morts. Qui n'a souri devant l'emphase de bien des épitaphes, devant le style prétentieux ou bizarre de bien des monuments? Les plus simples sont les plus touchants et les plus beaux. Mais, ici, dans cette exposition de sculpture et d'architecture tumulaires, je cherche en vain la grande leçon d'égalité qui doit se dégager des tombeaux. Comment se fait-il qu'on l'oublie, non seulement ici, mais un peu partout, car c'est à peine si on la retrouve encore dans quelques cimetières de campagne?

A quelle étrange préoccupation cèdent ceux qui confient leur dépouille aux caveaux d'un Escurial, aux hypogées d'une Pyramide, sans parler des monuments plus modestes de nos Père-Lachaise modernes? Est-ce par l'illusion qu'ils conservent, par delà la mort, un reste de personnalité? Est-ce pour avoir une garantie matérielle, c'est-à-dire certaine, qu'ils jouiront à jamais, dans un asile inviolable, de l'éternel repos, — *eterno descanso*, comme ils disent ici, — demandé par les chants liturgiques et promis par les inscriptions lapidaires? Mais un jour ou l'autre, c'est fatal, on viendra les en arracher. *Concession perpétuelle*, écrit l'homme, dans toutes les langues, sur ses monuments funéraires. Les Grecs et les Romains l'ont écrit sur les stèles et les cippes qui bordaient leurs voies sacrées, le Moyen âge l'a écrit sur les dalles de ses abbayes, nous l'écrivons à notre tour sur nos sépultures les plus banales, oublieux du passé, imprévoyants de l'avenir, inconscients même du présent. Car, avec un acharnement impie, inconnu autrefois, nous fouillons nous-mêmes les tombeaux des anciens, et nous semblons croire que les races futures respecteront les nôtres!

Ici même, sur cette terre d'Amérique, d'innombrables sépultures, les *huacas* ou tertres funéraires des anciens Péruviens, ont été et sont tous les jours profanées, pour la satisfaction d'une vaine curiosité, ou la recherche d'hypothétiques trésors; et chaque dimanche, les habitants de Lima qui vont se promener à Ancon, en rapportent de pleines caisses d'antiquités funéraires. Dans les chambres superposées de ces nécropoles antiques où, sous leurs bandelettes, des groupes d'Incas, accroupis en cercle et se regardant tous, ont l'air de parler, dans la nuit du tombeau, de la mort, du néant, des choses qui ne passent pas, les Liméniens frivoles d'aujourd'hui ou de simples juifs, marchands d'antiquités, font brusquement irruption, un beau jour, à coups de pioche, et dispersent sans respect ces solennels congrès de momies.

Il semble donc que l'homme, instruit par ces violations de sépulture dont les tombeaux des rois n'ont pas été exempts, devrait s'attendre lui-même à voir, dans l'avenir, ses cendres dispersées au vent. Point du tout et quel étrange aveuglement est le sien, quand il s'agit de sa propre personne! *Propiedad, concession à perpétuité*, ose-t-il écrire, avec une admirable candeur, au retour même d'une excursion de fouilles sépulcrales, sur la place où il sera demain. Mais il compte sans les archéologues et les anthropologistes de l'avenir, sans parler des chimistes qui viendront peut-être, un jour, (la chose arrivera) extraire les phosphates de ses os!

C'est la Loi. Qu'a-t-il servi aux anciens Pharaons de se faire enfermer, sous un triple sarcophage, dans les profondeurs inaccessibles des Pyramides? Leur sommeil de cinq mille ans a été troublé, un beau jour, par des Égyptologues et des Anglais qui avaient retrouvé l'entrée perdue des hypogées, et la momie du grand Sésostris, celles des reines de la huitième dynastie, celles des grandes prêtresses d'Ammon, extraites de leurs palais souterrains, sont étiquetées aujourd'hui, comme un simple veau à deux têtes, dans les vitrines d'un musée. *Et nunc crudimini.....*

Lima, 18 septembre.

Quien quiere plata?

J'attendais avec impatience la date fatidique d'aujourd'hui. C'est en effet cette après-midi que doit se tirer la grande loterie de la *Beneficencia* de Lima et du Callao. En France, je n'ai jamais rien gagné, mais, dans le Nouveau Monde, dame Fortune est peut-être moins capricieuse et on ne sait jamais si on n'aura pas plus de chance en sa qualité d'étranger. C'est presque une politesse que la Fortune vous doit. J'ai donc pris des billets et je compte au moins sur le gros lot.

Tous ceux qui ont voyagé en Espagne ont été assaillis à chaque pas, dans les villes, par des mendiants demandant d'une voix dolente *una limosnita Señorito*, et par des marchands de billets de loterie qui vous assassinent, à tous les coins de rue, de leurs importunes sollicitations. Ces deux plaies existent aussi en Ultramar, et on entend crier, à chaque instant, dans les rues de Lima : *Quien quiere plata para mañana! Mil quinientos soles!* [1] et autres offres plus alléchantes les unes que les autres. Ce sont les *Suerteros* (marchands de chance) qui offrent leurs numéros. Un carnet à souche sous le bras, la plume à l'oreille, l'encrier au poing, ils ressemblent à des écrivains publics ambulants.

Leur corporation a fourni de tout temps quelque célébrité locale qui devait son succès à telle ou telle particularité physique ou morale. Tantôt, par exemple, c'est un bossu qui fait toucher sa bosse (précieux porte-bonheur) à ceux qui lui achètent des billets; tantôt c'est un loustic, plein de verve, qui improvise des rimes et des couplets pour écouler sa marchandise, entrant dans les maisons, ou interpellant les niñas sur leur balcon.. Actuellement le Suertero en possession de la célébrité, la doit simplement à son

---

(1) Qui veut de l'argent pour demain ? Mille cinq cents soles (7,500 francs).

extrême embonpoint, chose rare parmi les Péruviens. Ce mastodonte humain, mal partagé pour courir après les clients — car il marche comme le Sénateur de Domitien, *abdomine tardo* — les attend à l'ombre des *Portales*, au coin de la *calle Palacio*, tranquillement assis, comme en sa chaise curule, sur un confortable rond de cuir.

C'est au profit de l'Assistance publique de Lima et du Callao que se vendent les billets de loterie, et c'est là aujourd'hui la principale ressource des hôpitaux. Ainsi, on a fait concourir à un but utile et philanthropique la passion des Péruviens pour la loterie. En Espagne, au contraire, comme autrefois en France, c'est le gouvernement qui empoche les bénéfices considérables de l'institution. Sans doute, la moralité du but poursuivi ne saurait excuser, pour ceux du moins qui ne partagent pas la doctrine des jésuites, les moyens employés pour y parvenir. Mais prétendre, chez les Hispano-Américains, détruire la passion du jeu serait du temps perdu. Le mieux est de la réglementer, de la canaliser en quelque sorte, afin de la contenir dans de justes limites.

Il est si doux, pour les pauvres diables, de

rêver à la fortune, de faire, tout éveillé, des songes dorés, des échafaudages de prospérités croissantes, comme Perrette et comme... tout le monde.

> Qui ne fait châteaux en Espagne,
> Picrochole, Pyrrhus, la laitière, enfin tous,
> Autant les sages que les fous?
> Une flatteuse erreur emporte alors nos âmes,
> Tout le bien du monde est à nous,
> Tous les honneurs, toutes les femmes.

Le jour du tirage arrive et l'on se réveille Gros-Jean comme devant. On n'a rien gagné, pas même la moindre *aproximacion*. Mais une autre loterie recommence et l'on s'embarque de nouveau sur le fleuve de l'Espérance, pour le royaume des Chimères. Et toute la vie se passe ainsi à espérer et à rêver une fortune qui s'obstine à ne pas venir.

Sans doute, à attendre ainsi que la richesse tombe du ciel, l'homme oublie ses misères; mais il oublie aussi de travailler, de lutter pour améliorer sa situation, et c'est ainsi que la loterie, favorisant la paresse et l'indolence, rend les misérables plus misérables encore. La passion ne s'arrête jamais et l'on a vu, pour acheter un billet de loterie, comme pour assister aux courses de taureaux, des malheureux vendre leur dernier matelas. D'autres demandent au vol l'argent qu'ils offrent, par l'intermédiaire des suerteros, à la Fortune, qui reste sourde. Les peuples à esprit positif, Anglais, Allemands, Français même, savent qu'ils doivent, avant tout, compter sur eux-mêmes et non sur un hasard, toujours fallacieux et décevant : *Self help!* comme disent très bien les Anglais, c'est-à-dire « aide-toi ». Ils n'ajoutent pas, comme en France : « Le ciel t'aidera », car ils savent, par expérience, combien cette aide est problématique.

— *Demandez la liste des numéros gagnants! deux sous!*

Je me précipite à la suite du *chino cholo* qui la vend, et je lui achète la bienheureuse liste qui va, sans tarder, me révéler ma chance certaine, escomptée déjà...

— Sera-ce le gros lot ou seulement un lot ordinaire?

. . . .

Hélas! aucun de mes numéros n'est sorti! Décidément, la Fortune du Nouveau-Monde ressemble complètement à celle de l'Ancien.

Lima, 24 septembre.

L'Amérique latine, comme l'Espagne, était jadis, elle est encore, quoique à un moindre degré, la terre classique des fêtes religieuses. S'il est vrai, comme l'a dit Michelet, que « le peuple veut des fêtes » il était ici servi à souhait, car on en comptait, il n'y a pas longtemps encore, pas bien moins d'une centaine par année. Ajoutez-y les fêtes officielles laïques, fêtes de l'Indépendance, fête de l'Armée, fête du Président, fête de la Présidente, qui durent toutes plusieurs jours et qu'il est de rigueur de chômer, et vous arriverez au total respectable d'un jour de fête sur trois. Ce n'est pas trop assurément pour se reposer de n'avoir rien à faire.

La plupart de ces fêtes ont beaucoup perdu de leur splendeur antique, car la foi s'en va.

Pourtant elles conservent encore un cachet de couleur locale, c'est-à-dire de paganisme, qui va se perdant de plus en plus dans notre Europe banalisée.

Aujourd'hui, 24 septembre, grande fête religieuse et militaire de Notre-Dame de la *Merced*, patronne des armées du Pérou. C'est la fête nationale, quelque chose comme notre 14 Juillet. Messe solennelle dans l'église de la Merced. Le président de la République, le Sénat, la Chambre, tous les corps constitués, tous les chefs de l'armée sont présents. A l'issue de la messe, grande procession où figure toute l'armée, président de la République en tête.

Sur le parcours traditionnel du cortège, les *ventanas* des maisons se garnissent de curieux qui veulent voir passer le défilé. Il suffit de lever les yeux, au hasard, pour voir de jolies têtes et de piquants visages. Nous nous installons, de notre côté, sur les balcons de l'Hôtel Maury. Tout à coup, les accents d'un entraînant pas redoublé, ponctués par des coups de grosse caisse et de cymbales, se font entendre au détour prochain de la rue. A l'entrain de l'orchestre, à la *furia* des dzing, boum, boum, badaboum! on croirait que c'est plutôt un cirque ou une cavalcade historique qui fait son entrée en ville, qu'une fête religieuse. Mais c'est bien la procession qui s'avance. D'abord, le clergé séculier, les dignitaires du Chapitre de la Merced, marchant en tête derrière la musique, sous des dais magnifiques. Puis le clergé régulier et les confréries dans la variété de leurs costumes. Jamais je n'avais vu tant de frocs, de cagoules, de robes monacales. C'est une vision du moyen-âge. On porte les statues révérées de la *Virgen de las Mercedes* et de *San Pedro Nolasco*.

Derrière le clergé, l'armée, président de la République en tête. A cheval, comme il convient à un chef militaire, il tient à bien montrer combien un président civil, simple monsieur en habit noir, marchant à pied, serait dépourvu en ce moment, de ce prestige qu'aiment les foules. L'infanterie, la cavalerie, l'artillerie avec ses jolies petites pièces de montagne traînées par un mulet, le train des équipages avec ses fourgons, bref, l'armée au complet moins les *rabonas* [1]. Puis la

---

[1] Femmes des soldats qui les suivent toujours, en garnison comme en campagne.

foule du peuple, les nègres, les négresses avec des cierges allumés. La bonne société assiste à la messe, mais ne suit pas le défilé.

L'après midi, divertissements populaires. L'ancien aspect de Lima reparaît pendant quelques heures sur la *plaza Mayor* où le peuple, tout à la joie, se porte en foule. Les marchandes de *chicha morada*, de *champuz*, de *mazamora*, de *picantes*, les *biscocheros*, encombrent la place de leurs petites tables, couvertes de boissons variées et de victuailles bizarres, tandis que les fourneaux à friture des *buñueleras* emplissent l'air de leurs acres émanations où l'odeur de la graisse bouillante se mêle à l'empyreume de la fumée de bois de cubèbe. Et le soir, dans les guinguettes des faubourgs, le bas peuple et les soldats dansent la *zamacueca*, la vieille danse nationale.

29 septembre.

Fête à Santa-Ana.—Autre fête, mais celle-ci d'un caractère local, c'est la fête spéciale d'une paroisse qui se double d'une fête foraine. Le *Mayordomo*, sorte d'intendant qui administre les biens, autrefois considérables, de chaque église, mais que la rigueur des temps a bien réduits, et qu'on pourrait comparer peut-être au trésorier du conseil de fabrique des paroisses françaises, est l'*impresario* général de la fête. Il la fait annoncer plusieurs jours à l'avance dans les journaux, et les personnes notables reçoivent des invitations personnelles. « Il y aura *misa solemne con gran orquestra, pontificara el illustrisimo monseñor Dr D. Juan Fulano; sermon por el R. P. Fray Gerundio; procesion* avec musique militaire; enfin, rien ne sera négligé pour donner le plus d'éclat possible à la fête ». Bref, un boniment complet où le profane et le sacré se pénètrent et se prêtent un mutuel appui.

En doute-t-on? Je copie l'avis suivant cueilli dans un journal et annonçant la fête de Saint François. La partie religieuse du programme, semblable à celle que je viens d'indiquer, est insérée dans le corps du journal; la partie profane, rédigée et signée par le même majordome, est insérée à la 4e page; en voici la traduction :

GRANDE FÊTE

Le 4 du mois prochain, sera célébrée dans cette paroisse la fête du glorieux Patriarche Saint François, pour la solennité de laquelle on n'omettra aucun moyen qui puisse contribuer à en faire, comme il est d'usage antique parmi nous, une fête de premier ordre.

La veille et le jour même, il y aura :

Magnifiques feux d'artifice,
Ballons et montgolfières,
Mâts de cocagne bien suifés,
Courses de chevaux,
Combats de coqs,
Jeux divers permis par la loi,
Éclairage électrique de l'ingénieur Valdez, que son distingué entrepreneur vient d'installer pour la première fois dans la République ;

Enfin, une *belle vache à deux têtes* (dicéphale), phénomène réservé depuis longtemps pour la fête.

Accourez ! accourez ! accourez !

EL MAYORDOMO.

Paroisse del Milagro, 19 septembre 1889.

Je reviens à Santa-Ana. Du laboratoire où je travaille, situé au premier étage de la Faculté de Médecine, je vois et j'entends les préparatifs de la fête. Dès la veille, le clocher est enrubanné de guirlandes en papier multicolore et pavoisé de drapeaux. La fête du lendemain est annoncée par de joyeux carillons ou *repiques de campanas* qui alternent avec des morceaux de musique joués devant l'église par la musique de la caserne voisine. Puis des fusées et des pétards sont tirés devant le portail et font envoler, des tas d'ordures ménagères où ils cherchent leur vie, les *gallinazos*, les petits vautours au vol pesant, effrayés de tant de tintamarre et dérangés de leur besogne sanitaire.

La procession est le clou de la fête. Comme les théories antiques, elle se déroule dans les rues voisines, lente et cadencée, mais presque funèbre. Au lieu des étoffes blanches qu'aimaient les anciens, et qu'on voit aussi en France dans les processions, ici c'est le noir qui domine, toutes les femmes étant drapées dans l'uniforme mante noire. Une musique militaire lui prête son concours et un détachement de soldats, vêtus de coutil blanc, l'arme au bras, marche en cadence ou marque le pas, toujours avec ce singulier balancement de la tête et du corps qui fait songer au tic de l'ours blanc. Les nègres aussi jouent un grand rôle dans toutes les processions. Grands enfants dont toute cette pompe grossière ravit l'âme naïve et simple. Une double file de nègres et de Zambos, avec un grand manteau rouge à pélerine bordée de blanc, portent d'immenses lanternes octogonales enguirlandées de fleurs artificielles sur toutes leurs arêtes. Puis une foule nombreuse, compacte, composée surtout de femmes, suit en chantant quelque litanie.

Autrefois des négresses ou des zambas, envoyées par leurs maîtresses qui les paraient de leurs propres bijoux, suivaient ces processions en portant devant elles des cassolettes d'argent où brûlaient des résines parfumées. C'étaient les *zahumadoras*. Et les colonnes de fumée odorante qui se dégageaient de tous ces petits fourneaux, emplissaient l'air d'une senteur balsamique qui devait agir sur les nerfs de la foule et plonger dans des rêveries plus ou moins mystiques ceux qu'elle ne faisait pas trop violemment éternuer. Je ne sais si l'usage s'en est perdu; mais je n'ai pas vu de *zahumadoras*. Pourtant, on voit encore, dans les maisons et chez les orfèvres, ces cassolettes en filigrane auxquelles la tradition des artistes indigènes qui les fabriquent a conservé la forme d'un paon faisant la roue.

La procession finie, chacun reprend sa place dans l'église. Le majordome apparaît alors en habit, suivi de deux nègres à la livrée rouge, portant des plateaux chargés de fleurs et offre, en faisant le tour de l'assistance, de jolis bouquets aux dames et aux *niñas*, comme on distribue des rafraichissements dans une soirée. Il semble qu'on n'attende que les violons pour ouvrir le bal. Ah ! niñas aux yeux d'escarboucle et de flamme, ne sentez-vous pas une démangeaison dans les jambes? Mais le Majordome montre dans sa distribution une partialité révoltante, et la distinction des races et des castes qui devrait rester à la porte du temple, y règne en maîtresse au dedans comme au dehors. Tout ce qui a une goutte de sang nègre ou indien dans les veines ne reçoit rien. Il faut montrer peau blanche pour avoir droit à un bouquet. On rit, on cause, les nègres aux lanternes s'interpellent à demi-voix, la fête bat son plein et l'on se croirait à la kermesse, si l'on n'entendait, plus qu'on ne le voit dans l'église sombre, le prêtre dans sa chaire réciter quelques oraisons d'une voix monotone, tandis que vers le chœur, quelques dévotes moins distraites, formes noires, vaguement écroulées sur les dalles et à peine entrevues dans l'ombre, lui répondent en nasillant.

Et les rayons du soleil qui pénétrent par les vitraux du transsept tracent dans la mystérieuse obscurité du temple, faite d'air opaque et lourd, embrumé par les fumées de l'encens, des bandes lumineuses multicolores où dansent, comme des lucioles dans la nuit sombre, des milliers d'atomes étincelants, dorés, écarlates ou verts, formant au-dessus de la foule, comme un bouquet de feu d'artifice.

3 octobre, départ pour la Sierra

Peu à peu, des uns et des autres, ingénieurs, médecins, propriétaires de mines, j'ai recueilli les renseignements nécessaires pour l'expédition que je médite dans la Cordillère. Je désire m'installer sur un des plus hauts sommets habités, pour y poursuivre des observations et des expériences sur l'action de l'air raréfié des hauts plateaux sur l'organisme de l'homme et des animaux. On m'indique plusieurs points plus ou moins favorables. La grande difficulté est de les atteindre. Je me décide pour l'un d'eux, la mine de Morococha située sur l'autre versant de la Cordillère, à 4,392 mètres d'altitude, 400 mètres seulement de moins que le sommet du Mont-Blanc.

Mon départ fixé d'abord au 25 septembre, a dû être successivement reculé jusqu'à demain, et, par une heureuse coïncidence, je partirai avec un groupe de professeurs et d'élèves de l'Ecole des Mines qui vont faire leur excursion annuelle dans la Cordillère. Ils vont cette année aux mines de mercure de Huancavelica, et nous cheminerons ensemble jusqu'à Casapalca. Véritablement, dans ces pays qui me sont inconnus, je ne pouvais mieux commencer ma périlleuse expédition.

J'ai employé ces derniers jours à terminer mes préparatifs de départ. Un des meilleurs élèves de la Faculté de médecine de Lima, don Juan M. Mayorga, consent à m'accompagner pour me servir d'aide. Il ne connaît d'ailleurs pas plus la Cordillère que moi, mais son doyen, l'aimable professeur Villar, m'assure qu'il sera pour moi un bon compagnon de voyage.

Le chemin de fer transandin de la Oroya, ne nous sera presque d'aucun secours, par suite de la rupture récente d'un grand viaduc. Il nous évitera à peine une journée de marche et nous devrons faire presque toute la route à cheval. J'ai complété mon outillage ; j'ai arrêté mes montures, deux chevaux de selle et deux mules de charge, pour porter mes bagages et mon matériel de physiologiste, et nous partons demain matin.

4 octobre, Matucana

Il y avait bien du monde ce matin au départ du train. Malgré l'heure matinale, on était venu nous serrer la main et nous souhaiter bon voyage. De Lima à San-Bartholomé où nous a conduits le chemin de fer, nous sommes encore dans la basse vallée du Rimac. Prairies, luzernes, immenses champs de cannes à sucre, — la terre parait merveilleusement fertile, — *chacras* (fermes) petites et grandes. Par ci, par là, des escouades de Chinois commandés par un *mayoral* travaillent la terre ou coupent la canne.

A la descente du train, les bêtes et leurs *arrieros* nous attendent derrière la gare. Chacun va reconnaître ses bagages et les fait charger sur les mules, non sans faire les plus pressantes, mais les plus inutiles recommandations aux muletiers. Têtes plus dures que celles de leurs mules, ils bousculent tout, mettent dessous ce qui doit être dessus, laissent échapper les bêtes effrayées, les rattrapent au bout d'une heure, et font le désespoir de tous ceux qui, comme moi, ont des objets fragiles. C'est là, véritablement que l'art de l'emballeur doit déployer toutes ses ressources. Enfin, le tumulte apaisé, la caravane s'organise, on endosse les *ponchos*, on enfourche sa monture, et en route ! J'ai prononcé les paroles quasi cabalistiques *peras peras pera* [1] : que le Dieu des voyageurs et des physiologistes me soit propice !

Dès le départ on attaque la montagne et on grimpe, par des sentiers de chèvre, à travers les rochers de trachyte, les blocs de diorite et autres cailloux éruptifs. Cela commence bien. Il y a de quoi se rompre le cou à chaque pas !

Le souci que j'ai d'éviter cet accident désagréable, et l'attention que je mets à vouloir

---

(1) *Per aspera spera*. — Au milieu des plus grandes difficultés, espère quand même.

diriger mon cheval dans ce *malpaso* m'empêchent de goûter sans mélange le plaisir de découvrir dans les broussailles du sentier des plantes sauvages ravissantes parmi lesquelles je reconnais l'odorant héliotrope. De grands cactus, raides comme des cierges, dressent sur leur tige hérissée de piquants, leur tête laineuse. D'autres, nés dans des anfractuosités de rochers et gênés dans leur développement, se contournent, rampent et, semblables à des serpents au guet, dardent leur tête sur le bord du chemin. Que de fois je me suis instinctivement reculé devant les airs menaçants de ces cactus mystificateurs !

Tantôt le sentier remonte sur les flancs du Cerro, et tantôt il descend vers le fond de la vallée, traversant des bosquets d'arbrisseaux aromatiques aux fruits jaunâtres, à la saveur piquante et âcre : c'est le *molle*, espèce de poivrier qui n'est autre que le cubèbe des officines. Plus loin, voici des champs de ricins sauvages, une mauvaise herbe des pays chauds, des mimosas aux feuilles et aux fleurs délicates et d'autres arbrisseaux légumineux qui me sont inconnus. Un pharmacien repasserait ici toute sa matière médicale, car le Pérou est la patrie des plus illustres drogues végétales.

Nous traversons, dans un chaos de pierres, la fameuse Quebrada de Verrugas dont les eaux ont la réputation de donner cette maladie étrange, la *Verruga peruana*, inconnue du reste du monde ; et nous voyons, d'en bas, la silhouette du grand viaduc en fer lancé à près de 200 pieds en l'air et réunissant les deux côtés de cette gorge profonde. Un éboulement a récemment emporté une des piles de ce pont gigantesque et interrompu, pour longtemps peut-être, la circulation des trains.

Après une halte à Surco, pour vider quelques *copitas*, nous reprenons notre chevauchée et nous arrivons au soir à Matucana, bourgade assez importante, sous-préfecture même, s'il vous plait, où nous trouvons un hôtel passable.

Triste, bien triste, Matucana, avec ses nombreuses maisons en ruines, ses murs portant la trace du feu, souvenir de l'invasion chilienne, ses montagnes pelées, sa vallée rocailleuse et sans végétation, bref la plus parfaite image de la désolation. Nous y passerons trois jours et pendant que les ingénieurs iront visiter les mines du voisinage, je tâcherai de commencer quelques expériences.

6 octobre.

Dans le corral en forme de précipice où il enferme quelques bourriques attristées, l'hôtelier a mis à ma disposition, comme laboratoire, un étrange réduit, sorte de cabane de roseaux qui lui sert d'atelier. Car c'est une drôle de figure que le señor Carlos Huber. Type d'aventurier comme on n'en voit qu'en ce pays; à la fois sculpteur, faïencier, *cateador* (chercheur de mines), maître d'hôtel, que sais-je encore, et polyglotte par dessus le marché, parlant allemand, espagnol et français. Son atelier, encombré de moules en plâtre, de fourneaux à reverbère, de cornues réfractaires, de creusets, de minerais de toute espèce, *pavonados, rosicleres, galena,* dit assez qu'aux jours où l'hôtel chôme, il doit interroger, avec une anxiété d'alchimiste, tous ces cailloux argentifères.

Mes expériences sont jusqu'ici négatives. Je ne constate aucun trouble ni sur les nouveaux arrivés, ni sur les habitants sédentaires. L'altitude n'est évidemment pas assez considérable.

La vie se passe assez agréablement grâce à la nombreuse société. Les soirées sont très animées et les jeunes ingénieurs ont un entrain d'enfer. Matucana a une réputation de bon air et il y a à l'hôtel quatre ou cinq jeunes filles ou jeunes femmes, venues pour soigner leur poitrine, assez peu malade d'ailleurs (sauf pour une d'elles), si l'on s'en rapporte aux apparences. Après le dîner, on improvise des sauteries au piano, ou on joue aux petits jeux de société : l'anneau qui court avec ses amusantes pénitences, divers jeux de cartes, le *tresillo, carga la burra, el tonto*, etc. C'est une explosion générale de gaieté. Les professeurs et plusieurs des élèves des mines parlent très bien le français et sont heureux de le parler pour me faire honneur. A certains moments, on se croirait véritablement dans un salon français tant la conversation en français est générale. Si loin de la France, j'en étais aussi agréablement surpris que touché, et les soirées de Matucana resteront un des meilleurs souvenirs de mon voyage.

7 octobre, Chicla.

Nous sommes partis ce matin pour Chicla et nous allons gravir un nouvel et rude échelon de la montagne.

Bien rude même, car cette étape de Matucana à Chicla a été singulièrement accidentée. Presque au départ, forcés, par suite d'un éboulement récent, de traverser le Rimac en un point où il n'est pas guéable, j'ai failli, pour ma part, être emporté avec ma monture par les eaux grossies du torrent. Une branche providentielle m'a sauvé. Mais c'était un mauvais présage et un Romain serait rentré chez lui. En effet, sans parler de la tentative d'empoisonnement dont nous étions victimes, quelques heures plus tard, de la part d'un hôtelier chinois de San Mateo qui nous servait sans vergogne des conserves de viande absolument pourries, notre caravane n'échappait que par miracle, près d'arriver à Chicla, à une catastrophe épouvantable.

Sans que rien eût pu le faire prévoir, sur l'étroite corniche où nous marchons en file indienne, le cheval qui ouvrait la marche se cabrant soudain renversait son cavalier et, faisant brusquement tête sur queue, nous chargeait au galop et menaçait, dans sa course affolée, de nous bousculer tous dans le précipice béant à notre gauche. Comment parvint-il à passer, comment ne fûmes-nous pas tous projetés au fond du ravin? Je ne saurais le dire. Mais, quand il fut passé, je me trouvai sans aucun mal, collé contre la haute paroi du sentier à quelques mètres de ma mule. Tous mes compagnons avaient de même eu le temps de vider les étriers et de s'effacer le long du rocher. Seul, un des nôtres, resté en selle, avait été projeté sur la pente abrupte du gouffre. Ce fut une angoisse terrible ! Nous allions déplorer un épouvantable malheur quand, dans un effort extraordinaire, son cheval reprenait pied sur le sentier et sauvait ainsi son cavalier et lui-même d'une mort affreuse.

Les guides rattrapent le cheval auteur de cette alerte. L'animal affolé de tout-à-l'heure est redevenu la morne *bestia* qu'il était, et son cavalier le renfourche. Pensifs et encore bouleversés nous reprenons notre marche et, après avoir traversé, sans nouvel encombre, plusieurs mauvais pas dont le plus dangereux, mais aussi le plus étrangement pittoresque, porte le nom suggestif d'*infiernillo*, le petit enfer, nous arrivons à Chicla.

Chicla bourgade à 3.720 mètres d'altitude doit son importance à ce qu'elle est le point terminus du chemin de fer du Callao à la Oroya. Campement plutôt que bourgade dont les maisons en bois et en zinc ondulé ont été portées là, toutes prêtes à monter, de New-York ou de San-Francisco. L'*Hôtel Trasandino* où nous descendons n'est lui-même qu'un vaste barraquement perché au milieu des rochers. Il est tenu par un allemand, type d'écorcheur bon garçon, qui connaît à fond l'art de tondre les voyageurs sans les faire crier. Monde étrange que celui qui fréquente ici, et non sans analogie avec la clientèle bigarrée des villes nouvelles de Californie ou du Far-West. Les plus parfaits gentilshommes y prennent, malgré eux, des airs de brigands.

Et, pendant que sur un coin de table, près du poêle où brûle la *taquia* (fiente desséchée de lama), je griffonne ces notes, comme pour faire contraste avec les émotions violentes de la journée, avec le milieu bruyant qui m'entoure, il me vient à l'esprit une scène rustique entrevue ce matin et dont le souvenir se traduit maintenant par l'obsession, bientôt agaçante, d'un refrain mélancolique et sauvage.

Voici : Non loin de Matucana, nous rencontrions sur la route, une famille indienne qui descendait de la Cordillère. Elle s'était arrêtée comme en grand halte pour le repas du jour.

Pendant que la femme, sans poser le nourrisson qu'elle porte attaché sur son dos, par une sorte de marsupialisme à l'envers, cuisine sur deux pierres quelque vague *rata* de pommes de terre et de *charqui*, l'homme a pris sa guitare et gratte, en nasillant une mélopée, un de ces airs d'une mélancolie étrange, dont j'ai déjà été si frappé pendant mon séjour à Lima.

Du cabinet où je travaillais place Santa-Ana, j'entendais, à certaines heures, sous le porche de la caserne voisine, les airs de fifre que vient jouer un soldat indien, plus indien que soldat, pour annoncer quelque exercice de la morne vie de garnison.

Quelle différence avec nos sonneries militaires si alertes, si chantantes, qui laissent dans l'oreille un principe involontaire et comme réflexe de mouvement et d'entrain ! Ici, l'air de fifre n'a rien de martial, mais exhale une mélancolie tout archaïque de cornemuse ou de biniou. On raconte même que jadis, comme pour le *ranz* des vaches interdit dans les bataillons suisses, où il semait des germes invincibles de nostalgie mortelle et de désertion, on dut prohiber aussi, dans les régiments du Pérou, toujours composés d'Indiens arrachés à la Sierra, les airs *yaravis,* qui sont les airs nationaux des populations de la Cordillère.

Si les chants et les airs militaires sont mélancoliques, que dire des chants et des airs qu'on pourrait appeler civils ou mieux populaires? Ceux-ci fendent l'âme et arrachent presque des larmes. Qu'ils s'accompagnent de la *viguela* ou de la préhistorique flûte de roseau, les chants indiens sont si plaintifs et si gémissants qu'on a inventé, pour expliquer tant de tristesse, la fameuse légende, si souvent racontée, de la flûte taillée par un jeune Indien, dans l'os de la jambe *(quena)* de sa fiancée morte. De ce triste instrument il tira une complainte lugubre qu'on appelle encore *Manchai-puitu* « le chant qui fait peur » prototype de tous les airs indiens.

Pourtant cette mélancolie, si accentuée d'ailleurs chez ces peuples, ne leur est pas absolument particulière. Elle est le trait dominant de toutes les races primitives, qu'elles habitent les montagnes ou les plaines. Nos paysans français, restés près de la terre, ont aussi des chants mélancoliques dont la monotonie et la lenteur mélopéique s'harmonisent bien avec leurs travaux et le cours habituel de leurs pensées. Qui n'a entendu, il y a quelque trente ans, au temps des semailles, dans nos provinces du Centre, un laboureur siffler ou chanter, en labourant, un de ces vieux airs qui vont se perdant de jour en jour et qui semblait bercer, dans son rythme doux et lent, les bœufs et le bouvier? Les airs gais sont des airs de ville, des chants de soi-disant civilisés, trop souvent des chants canailles. Les airs rustiques ou montagnards sont des airs primitifs qui traduisent encore la réminiscence instinctive et vague d'un passé très douloureux et très ancien.

Mais c'est dans la Sierra désolée, en passant, le soir, près de quelque misérable tambo, qu'il faut entendre les duos de *quena* des improvisateurs d'airs *yaravis*. *Cantando lloran* ne pouvais-je m'empêcher de dire à mon compagnon. Oui, même en chantant, ils pleurent, et leur gaîté semble porter le deuil.

Et près du poêle dont la bienfaisante chaleur me pénètre, rêvant à demi dans cette atmosphère lourde, épaissie par la fumée des pipes et la vapeur âcre de la taquia, pendant qu'au dehors le vent glacé des hauteurs hurle et fait rage à tous les angles de la vaste bâtisse en bois et en zinc qu'il fait vibrer comme un grand orgue, je me demandais, obsédé toujours par l'air de guitare entendu ce matin et qui revient sans cesse, malgré moi, chanter dans mon esprit, oui je me demandais : de quoi donc est-elle faite cette plainte, si suggestive dans sa rusticité, qui vous donne envie de pleurer? D'où vient-il ce rythme grêle et dolent qui vous étreint et vous oppresse et qu'on n'oublie plus, quand on l'a une fois entendu? Est-ce leur propre infortune, leur condition misérable et opprimée qui inspire aux Indiens ces tristes accents?

Non sans doute, et ces rythmes improvisés veulent endormir une douleur intime, inconsciente. C'est l'écho, aujourd'hui purement instinctif, d'une souffrance très ancienne: Le souvenir de l'âpre lutte pour la vie de l'homme primitif, encore sans industrie, l'homme des cavernes, jeté faible et nu au milieu d'une nature sauvage.

Oui, c'est bien l'âme de toute une race qui gémit dans ces notes plaintives; c'est la conscience, encore éparse et obscure, d'une humanité à peine dégagée de ses mystérieuses origines et qui pleure de naître, comme l'enfant qui vient au monde. La romanesque légende de la *quena* a essayé en vain de moderniser cette mélancolie, en la faisant dater des temps troublés de la Conquête. Mais la plainte *yaravie* n'a pas de date, elle est aussi vieille que la race, aussi vieille que la souffrance humaine, et remonte, à travers les générations oubliées, jusqu'au mystère à jamais voilé des primordiales genèses.....

Casapalca, 8 octobre.

De Chicla nous sommes venus déjeuner à Casapalca. C'est là que nous nous séparerons. Les ingénieurs prendront la route de Yauli. Je remonterai, seul désormais, la vallée du Rimac jusqu'à la Cumbre d'Antarangra. Une famille que connaît don J.-M. Mayorga mon compagnon, nous a gracieusement donné l'hospitalité et le fils du Señor Bentin, notre hôte, viendra lui-même nous accompagner jusqu'à Morococha.

Le *Soroche* [1] me laisse toujours indifférent; mais mon compagnon paraît touché et après une excursion à pied que nous avons faite à une mine des environs, il éprouve pendant deux jours une sorte de mal de mer, il est, comme on dit ici, *mareado*.

De grands cirques dallés qu'on rencontre à chaque instant dans la vallée de Casapalca (et devant la maison même que j'habite il y

---

[1] Nom local du mal des montagnes.

en a plusieurs), sont les témoins de l'activité métallurgique qui régnait autrefois dans le pays au temps du *coloniage*. Partout où il y a un cirque, se trouvait aussi un groupe d'habitations qui constituaient l'usine. Toutes ces constructions ont disparu et la solitude règne aujourd'hui sans partage, là où retentissaient les clameurs des ouvriers, le bruit des meules broyeuses, le claquement des sabots des mules amalgamant le minerai sur les dalles des cirques et le va et vient des lamas transportant le minerai brut ou les barres d'argent.

Pauvre Pérou ! de toutes les richesses que la Nature lui avait données et qui, par leur essence même, paraissaient éternelles, il ne lui reste presque plus rien. Le guano est épuisé, le salitre (nitrate de soude) est aux mains du Chili, et l'argent déprécié ne vaut plus la peine qu'on l'extraie des entrailles de la montagne. A peine si quelques mines bien situées travaillent encore dans ce pays qui contient des masses énormes de minerais argentifères. A Casapalca, jadis grand centre minier et métallurgique, une seule usine, récemment fondée par des Anglais, entretient encore un peu d'activité.

12 octobre, *Tras los Andes*.

C'était aujourd'hui que nous devions gravir le dernier gradin de la montagne et franchir la Cordillère, à l'altitude de 5,000 mètres environ. Nous sommes partis de Casapalca à la première heure, pour arriver avant les *aguaceros* qui, tous les jours, en cette saison, amènent, vers trois heures de l'après-midi, d'énormes chûtes de pluie et de grêle.

Le Señor Bentin nous accompagne et nous rassure, car j'avoue que ce n'est pas sans une certaine appréhension que je m'apprête à affronter ces grandes altitudes de la crête où le baromètre ne marque plus que 40 centimètres de pression, où l'air est si raréfié qu'on peut à peine y respirer, quand on n'a pas une poitrine d'Indien. J'avais l'esprit tout plein du récit des voyageurs qui, au passage de ces dangereuses crêtes, ont pensé rendre l'âme et racontent même que tels et tels de leurs compagnons sont morts.

Ecoutez le Père Acosta qui a fait à la fin du XVIe siècle une description saisissante du Soroche :

« Quand ie vins à monter le plus haut de cette montagne, ie fus subitement atteint et surprins d'un mal si mortel et estrange, que ie fus presque sur le point de me laisser choir de la monture en terre et, encor que nous fussions plusieurs de compaignie, chascun hastoit le pas sans attendre son compaignon pour sortir vistement de ce mauvois passage. Me trouvant donc seul avec un Indien, lequel ie priay de m'aider à me tenir sur la monture, ie fus épris de telle douleur de sanglots et de vomissements que ie pensay jetter et rendre l'âme. D'autant qu'après avoir vomy la viande, les phlegmes et la colère, l'une jaune et l'autre verde, ie vins jusques à jetter le sang, de la violence que ie sentois en l'estomach, ie dis enfin que si cela eust duré ieusse pensé certainement estre arrivé à la mort. Cependant nos compagnos estoyent fort fatiguez, quelques uns cheminans demandoient confession, pensans réellement mourir et me fut dict qu'autrefois quelques uns y avoyent perdu la vie de cet accident. »

Brr... Je voudrais espérer que le P. Acosta a exagéré. Mais de nombreux voyageurs ont confirmé son récit, et je suis bien forcé d'y croire. Enfin, ce n'est pas le moment de reculer et il faut, quoiqu'il advienne, aller jusqu'au bout.

Nous montons, nous montons toujours étonnés de n'éprouver aucun malaise, à peine une gêne légère, dans cet air raréfié et subtil et d'une transparence parfaite aux premières heures du matin.

Parfois, de quelque pointe de rocher où il se tenait jusque là immobile, se confondant avec la couleur sombre de la roche, nous voyons s'élancer, battant lourdement l'air de ses ailes immenses, un Condor solitaire que la faim commence sans doute à talonner et qui, avant de prendre son essor pour chercher sa proie en planant sur la Cordillère, va se poser d'abord sur quelque pic voisin, comme pour flairer si le vent ne lui apportera pas l'odeur désirée d'un cadavre.

Enfin nous avons cessé de monter, nous voici sur la ligne idéale de la Cumbre. A droite culminent les sommets couverts de névés éternels du *Monte Meigs, del Volcan*, à gauche les *puigs* nombreux aux formes géométriques qui étincellent au soleil. Et en face de nous, à perte de vue, le panorama bouleversé des hautes vallées, l'inextricable réseau des chaînons, des contreforts qui viennent s'appuyer sur la grande chaîne et l'étayer de leur masse. Ce paysage grandiose et désolé navre l'âme, le vent qui souffle avec force et nous glace, ne nous laisse guère le loisir d'admirer plus longtemps, et, après avoir à demi vidé, pour nous réchauffer et nous donner du cœur, nos gourdes d'eau-de-vie, nous commençons une descente de deux heures, plus pénible et plus périlleuse encore que la montée.

A mon retour, quand je suis repassé par là, la Cumbre devait être, sinon plus dangereuse, du moins plus inclémente encore, et c'est dans une affreuse tourmente de neige et de grêle que nous traversions pour la seconde fois le col d'Antarangra. S'il eût fait un temps pareil, au moment où il franchissait la crête des Alpes, pour rentrer en Italie, certain prélat facétieux mécontent de la façon dont il avait été reçu en Allemagne, n'aurait guère songé à la vengeance que lui prête son biographe : Baissant la tête, nous dit celui-ci, et relevant sa robe, Son Eminence s'écria, en montrant à nu l'expression de son mépris :

Aspice nudatas barbara terra nates !

Non. Le temps qu'il fait ici aurait paralysé un si beau mouvement et refroidi sur ses lèvres une si belle apostrophe.

Tras los Andes. — Nous sommes maintenant sur l'autre côté des Andes. Paysage toujours désolé. Nous longeons de grandes lagunes, aux eaux pyriteuses d'un vert sinistre. Tout à coup, en un point, le sentier se montre parsemé de grandes flaques de sang, et des *buîtres*, voletant parmi les rochers, ont l'air de se disputer encore des lambeaux d'entrailles. Rencontre peu rassurante. Ce sang, ces oiseaux de proie, qu'a-t-il bien pu se passer là ? Sur cette route déserte tous les mauvais coups sont possibles. — Un *llamero* nous donne plus loin l'explication du mystère. Hier, pendant l'orage, quatorze lamas ont été tués par la foudre. Les Indiens sont venus ce matin chercher la partie utilisable de leurs dépouilles.

Enfin nous sommes arrivés vers midi brisés, moulus, au but de notre voyage à l'*hacienda mineral* de Morococha où le señor Pflücker, qui en est le propriétaire, veut bien m'accorder généreusement l'hospitalité. Son intendant était prévenu, il nous attendait sur le perron dès que nous avons été signalés. Je suis littéralement fourbu et incapable, je crois, d'aller plus loin, et il faut m'enlever de ma selle où mes jambes paralysées n'ont même plus la force de se soulever sur les étriers. C'est, me dit mon compagnon, la *macolca* ou *macurque*. Macolca ou macurque je l'attribue à la dureté de la selle et à la fatigue musculaire occasionnée par une descente ininterrompue de deux heures, dans des pentes vertigineuses, et par la nécessité de se tenir rejeté en arrière, pour ne pas faire, avec ma mule, un panache dans le précipice que nous longeons. La conservation de l'équilibre est à ce prix. J'aurais besoin du Hammam et de toutes les pratiques orientales du massage le plus savant. Mais, un rapide coup d'œil autour de moi, m'a vite convaincu, et cela ne surprendra personne, qu'il faut ici renoncer à toute idée de confort.

Après un court repos, mes jambes endolories où toutes les fibres de mes nerfs trémulent en de vagues fourmillements, mes pauvres jambes peuvent reprendre un peu leur service, et on nous fait passer dans la salle basse du *comedor*. Deux sensations pénibles me saisissent en y entrant, une odeur indéfinissable de suif de mouton et de victuailles mal cuisinées, et la vue de deux portraits, deux grandes lithographies, placés en face de moi : Bismarck et de Moltke !

Que me veulent-ils, ici, ces deux Sphinx impénétrables qui tiennent la paix du vieux monde entre leurs mains, et dont l'apparition, inattendue en ce désert, m'a fait mal? Viennent-ils pour annexer aussi la Cordillère, et leur présence est-elle une prise de possession muette? Non, sans doute, et pour s'expliquer leur apparition imprévue, il suffit de se rappeler que le très péruvien señor Pflücker est par son père d'origine allemande, et que l'intendant de la mine, l'excellent señor Dittmann, est un Allemand venu en Amérique depuis plus de trente ans. C'est lui qui a dû acheter à quelque colporteur allemand ou italien, allant vers Tarma et la colonie allemande du Chanchamayo, ces lithographies dont l'industrie teutonne inonde l'univers. Ce sentiment est naturel après tout, et son patriotisme est aussi respectable que le mien.

Déjà, à *l'hôtel Trasandino* de Chicla, j'avais vu, non sans un vif serrement de cœur, la salle du bar décorée d'une grande allégorie patriotique, la *Wacht am Rhein*, où l'on voit une Allemagne géante, l'épée à la main, monter la garde dans les plaines du Rhin.

Mais je dois à la vérité de déclarer qu'hôte de ces Allemands, je n'ai reçu d'eux que des bienfaits, et qu'on ne s'est pas souvenu, un moment, des divisions qui séparent en Europe nos deux nations l'une de l'autre. J'ai été reçu et hébergé pendant quinze jours avec un empressement, une distinction dont j'ai été touché et dont je me plais à envoyer, par dessus les mers et les continents, l'expression reconnaissante et émue à mes hôtes de Morococha.

On prend langue et l'on fait connaissance à ce premier repas.

Morococha, 15 octobre (4,392 m. au-dessus de la mer).

Comme un religieux dans sa cellule, le soir, après le travail de la journée qui a enchainé ma pensée à la poursuite d'une vérité scientifique concrète, je ne puis m'empêcher de réfléchir sur l'étrangeté de ma présence en ces lieux, et je suis pour moi-même, comme le Doge de Venise dans les salons de Versailles, un inexprimable sujet d'étonnement. Je jette, et je jette encore la sonde dans mon âme, sans arriver à trouver le rocher et la pierre d'angle, sur lesquels j'ai bâti l'idée de ce voyage.

Oui, comment cela me vint-il ce désir étrange, insensé dans sa brusquerie, de traverser les mers, d'aller planter ma tente, pour quelques mois, au sommet des hautes montagnes de l'Amérique du Sud, d'aller vivre à près de 5,000 mètres d'altitude, au milieu des glaces et des neiges éternelles, dans un air, plus pur sans doute et plus subtil, mais que je supposais insuffisant pour mes poumons d'homme des plaines, et où, cependant, par une volonté plus forte que le raisonnement, je me sentais entraîné à venir ?

Ce fut par un matin de mai dernier... Mais cela n'explique rien. Ce n'en fut pas moins par une matinée de printemps, à ces premières minutes qui suivent le réveil et où, n'étant pas encore levé, je goûte dans sa plénitude le plaisir du *farniente*, à l'heure pour moi des châteaux en Espagne qui ne sont peut-être que la continuation des rêves de la nuit, à l'heure donc où une flatteuse illusion emporte notre âme, où la folle du logis, chevauchant la fantaisie, exécute ses plus aériennes voltiges, ses plus extravagants grands écarts, oui ce fut par cette matinée de mai que me vint subitement, à propos de rien, cette idée de partir pour escalader les Cordillères.

Comment cette idée, ni plus ni moins folle que tant d'autres, aussitôt oubliées qu'entrevues, s'implanta-t-elle dans mon esprit, et finit-elle par y grandir, par faire concourir toutes les autres facultés de mon être à sa réalisation ?

Sans doute, comme dans la parabole du semeur, alors que tant de graines tombent sur la terre sèche, où elles sont mangées par les oiseaux, sur les pierres où elles ne peuvent germer, parmi les épines où elles sont étouffées, tandis qu'une seule tombée dans le terrain bien préparé germe, grandit, et devient un arbre immense, cette idée émanée d'un des noyaux idéateurs de mon cerveau, avec tant et tant d'autres qui restent stériles, ou sont étouffées par la poussée folle de rêveries nouvelles, tomba dans une plate-bande cérébrale préparée à la recevoir. Trouvant là un terrain favorable, adapté à sa nature, elle poussa rapidement des racines puissantes et porta bientôt son fruit.

Mais quand, où, comment, se fit la préparation du terrain ? Quel jardinier inconnu et mystérieux vint, dans un champ livré tout entier à une autre culture, la culture potagère si l'on veut, réserver sournoisement un petit coin pour une fleur exotique inconnue jusque-là parmi ces légumes ?

C'est ici que se pose, dans toute sa force, avec toute son acuité douloureuse, le point d'interrogation psychologique. C'est ici que je dois, suivant la vieille méthode des cliniciens, placer, en tête de cette vivisection cérébrale, ce que nous appelons les *commémoratifs* dans lesquels sont résumés les antécédents héréditaires et personnels du sujet, c'est-à-dire ce qu'il y a en chacun de nous, sain ou malade, de congénital et d'acquis.

Il n'est pas facile de se faire l'historien impartial et désintéressé de l'histoire qu'on a vécue soi-même. Si simple, si peu accidentée, si dénuée même d'intérêt que soit cette histoire de sa vie intellectuelle et morale, il y a, à la raconter, des difficultés de plus d'un genre, de même qu'il est difficile de faire en zoologie une monographie parfaite. Car, observé en particulier et dans une existence concrète, aussi bien qu'observé en général, « c'est, comme l'a dit notre vieux Montaigne, un sujet merveilleusement vain, divers et ondoyant que l'homme, et il est malaisé d'y asseoir un jugement constant et uniforme. »

Chaque homme, en effet, est multiple, et si, dans l'état de différenciation, de perfectionnement où son organisme est arrivé, il ne représente plus un colonie d'êtres vivant chacun d'une vie particulière, quoique réagissant tous les uns sur les autres et concourant à la vie de l'ensemble, comme une colonie de polypes ou comme ces colonies linéaires et métamériques des insectes et des vers dont chaque segment a ses membres et son cerveau, il tire cependant un caractère incontestable de multiplicité de son origine physiologique où la substance de deux êtres vient se mêler, sans se confondre, et former un être nouveau. Et ces deux substances, elles-mêmes, sont chacune l'aboutissant et le terme final de vies innombrables, successivement transmises pendant une incommensurable série d'années, de siècles, d'époques géologiques. Oui, si nous retournons à la nuit des temps, nous en venons aussi, et nous laisserons à nos descendants des caractères physiques et moraux, qui ne sont que l'adaptation au temps et au milieu où nous avons vécu, des caractères physiques et moraux que nous avons reçus nous-mêmes de nos ancêtres.

Aussi bien que le corps, l'âme humaine est le produit des générations passées. Chaque flot humain y a laissé son alluvion et ses empreintes, et bien insensés ceux qui veulent tout ignorer du passé, et, nous faisant dater d'hier, façonner à leur étroit idéal, l'homme des temps nouveaux. Oui, l'âme humaine est fonction du temps et de l'espace. Le moule universel de l'humanité ne se détruit pas, comme le moule d'une statue que l'artiste peut briser à son gré pour le refaire, mais il se modifie, s'altère, se déforme, ou s'embellit sans cesser d'être toujours lui-même, malgré la diversité que lui impriment les conditions ambiantes des milieux où il vit. C'est cette infinie diversité qui a laissé sa trace sur notre Moi et l'a rendu infiniment complexe.

On comprendra pourtant que je n'aie pas la pensée de faire remonter bien loin, dans la nuit du passé, la recherche de ces commémoratifs et de scruter, une par une, les stratifications de ma personnalité. C'est affaire aux philosophes de remonter, comme Petit-Jean, plus haut même que le déluge, au chaos cosmique. Non, deux mots suffiront : Je n'appartiens pas à une de ces familles de marins où, de père en fils, se transmet le goût des carrières de la mer, ni à une de ces familles de créoles qui ont deux patries, et passent leur vie à circuler de l'une à l'autre. Rien de voyageur parmi mes ancêtres.

Et cependant, si. En écrivant ces lignes, je me souviens, par hasard, avoir entendu dire autrefois à mon père, qu'il avait eu (d'après le récit que lui en avait fait sa mère), deux oncles qui partirent vers la fin du siècle dernier pour chercher fortune en Amérique, sans qu'on sache, d'ailleurs, vers quelle contrée ils se dirigèrent, car, depuis, on n'a jamais entendu parler d'eux. Mais ce fait ne peut avoir eu aucune action appréciable sur mon esprit, car aucune légende ne s'était faite dans la famille, sur ces parents émigrés, disparus pour toujours, perdus dans les ombres, chaque jour plus épaisses, d'un inéclairable passé.

Plus près de moi, je ne vois rien dans l'esprit et le caractère de mes parents immédiats qui puisse me donner la clef de ce désir d'inconnu, d'aventures lointaines qui germa soudain en moi, de ce souffle d'inquiétude qui passa sur ma pensée tranquille et m'emporta aux antipodes.

Mes antécédents héréditaires sont donc muets. Trouverai-je davantage la réponse cherchée dans mes antécédents personnels ? Voyons et remuons la cendre de ce passé plus récent.

Je suis né dans une province du Centre, assez loin de la mer que je n'ai vue qu'à seize ans. Au collège je n'avais pas de dispositions géographiques spéciales et les romans de Gustave Aimard sur le Far West et le Mexique m'ont intéressé sans me captiver autant que certains de mes condisciples qui dévoraient avec délices toute la collection. Les livres et l'enseignement géographiques étaient alors sans attraits. Cependant quelques noms, le Pérou et l'Eldorado avec leurs mines, dont je me faisais d'ailleurs la plus fausse idée, évoquaient dans mon esprit je ne sais quels rêves enchanteurs. Les Incas avec leurs palais d'or, Pizarre, Fernan Cortès, frappaient vivement mon imagination d'enfant, et, pendant les vacances, je lisais chez mon grand-père, l'*Histoire de la conquête du Mexique* par Campe, ouvrage en 4 volumes, qu'il avait eu jadis comme prix d'honneur de rhétorique, vers 1810. Je le revois ce vieux livre avec sa peau de veau pleine, à filets dorés, son fort papier vert d'eau, ses illustrations naïves dont une surtout m'avait frappé, Guatimozin sur son gril.

Plus tard, la géographie, les récits de voyages m'ont peu préoccupé, quoique j'en aie senti l'intérêt. Je fis cependant, durant l'été de 1875, un voyage en Angleterre, en Belgique et en Hollande. Mais que sont aujourd'hui les voyages en Europe ? Une simple promenade, un déplacement aussi facile qu'autrefois une villégiature à Trouville. L'Europe entière n'est que la banlieue de Paris. Les Anglais commencent déjà à s'en dégoûter et il leur faut l'Inde, la Chine ou l'Australie. Mais l'Angleterre n'est qu'un grand vaisseau ancré dans l'Océan, et monter sur un paquebot transatlantique c'est à peine changer de milieu pour un Anglais.

Nous n'en sommes pas encore là, nous les Continentaux, et nous regardons encore, pour la plupart, l'Océan avec autant de crainte que de respect, et naviguer n'est point notre fait. Pour ma part, je n'acceptai pas, en 1875, la proposition qui me fut faite de partir comme naturaliste avec une des expéditions scientifiques qui allaient observer le passage de Vénus sur le soleil. Aller sur la mer pendant des semaines, m'exposer au mal de mer, aux tempêtes, au naufrage, moi qui ne sais pas nager ? Non, cela ne me souriait pas et Vénus pouvait à son gré passer sur le disque du soleil, je n'aurais pas l'indiscrétion d'aller l'épier. J'admirais, je n'enviais pas celui qui accepterait de partir.

Mon Moi à ce moment-là était un, homogène, sans disparates. J'étais bien conséquent avec moi-même, avec mon passé héréditaire et mon passé personnel. Elevé dans les choux, comme Tartarin, je n'avais pas la moindre velléité d'en sortir pour courir après quelques goulées de serpolet odorant, sur les coteaux ensoleillés où il fait si bon, mais où l'on risque d'être canardé par le fusil d'un braconnier. Non, bien décidément, cela ne me tentait pas d'aller voir passer Vénus sur le soleil. Les choux étaient mon pays, c'est là que je voulais vivre, aimer, mourir, c'est là.

. . . .

Et cependant, un beau jour, poussé par une force inconnue, je suis parti pour un voyage infiniment plus périlleux et aussi lointain.

J'ai cédé à cette impulsion de s'en aller bien loin, bien loin, pour échapper à la monotonie de vivre, de tourner dans le même cercle, comme un cheval de manège. On veut vivre une autre existence, fût-elle pénible, dangereuse, pourvu qu'elle soit autre. S'arracher à la tyrannie de l'habitude, à la vie mécanique, si artificielle et si fausse, des hommes du

XIXᵉ siècle; s'évader de l'écœurante réalité de tous les jours; comme le Klephte, n'avoir pour tout bien, pendant quelque temps, que

> L'air du ciel, l'eau des puits,
> La liberté sur la montagne,

oui, voilà semble-t-il le bonheur.

A moins d'être un de ces grands méditatifs, un Michel-Ange, un Spinoza, un Kant dont la vie cérébrale était si intense qu'ils vivaient hypnotisés, dans des régions toujours nouvelles de l'art et de la pensée, tandis que leur corps menait une existence régulière et automatique, comme nous marchons, sans y penser, par action réflexe, il est des moments où la vie quotidienne d'insipide devient odieuse, comme l'eau tiède qui n'a pas de goût et qui donne la nausée. On veut partir. Le jardin de Candide devient une geôle horrible d'où l'on cherche à sortir, à tout prix, comme ces oiseaux migrateurs retenus en cage qui, lorsque vient le temps où leur espèce émigre, poussés par une force invincible, éprouvent une agitation que rien n'apaise et se brisent la tête aux barreaux de leur prison. C'est pour cela, sans doute, que je suis parti, car l'homme aussi a été, jadis, un être migrateur et c'est par une réminiscence atavique de cette phase de l'évolution humaine, que tant de civilisés sont emportés par un invincible besoin de déplacement. Le bien-être, le confortable, n'ont plus de charme, on aspire après la faim, la soif, la fatigue, le pain dur, l'huile rance, les *tambos* et les femmes sauvages.

Le raisonnement ni l'amitié ne sauraient calmer cette inquiétude, pas plus qu'ils ne réussirent à retenir le pigeon de La Fontaine et la chèvre de M. Seguin. Pourtant que leur manquait-il? Que lui manquait-il au trop heureux pigeon? Bon souper, bon gite et le reste. Que lui manquait-il à la chèvre de M. Seguin, dans l'herbe fleurie jusque par dessus les cornes, avec sa cabane bien close contre le loup pour la nuit, avec les caresses et les morceaux de sucre de son maitre? Mais elle avait la fringale de l'inconnu, elle était tourmentée de ce que je ne sais plus qui a nommé « des coliques d'infini » et, dût-elle y laisser sa peau, ce qui arriva, elle voulut partir pour la montagne enchanteresse de ses rêves..... pour la montagne où il y a la liberté.... et le loup, *periculosam libertatem*.

*. *

16 octobre.

On a dit que l'atmosphère raréfiée des hautes montagnes rendait difficile le fonctionnement du cerveau. Sans doute il ne faut pas demander à un malheureux atteint du mal des montagnes de composer la *Critique de la Raison pure* ou le *Discours sur la Méthode*. Mais une fois acclimaté à ce séjour, la pensée s'y élabore comme ailleurs, ainsi que me l'a démontré ma propre expérience, corroborée par celle de M. Janssen au sommet du Mont-Blanc.

Peut-être même dans cet isolement solennel des sommets, la pensée devient-elle plus pénétrante, plus dégagée de la brume des pensées accessoires et contingentes auxquelles les impressions multiples venues du monde extérieur, si bruyant et si agité dans la vie fiévreuse des villes, ont donné un essor tumultueux et confus. Comme un métal précieux débarrassé, par la fusion, des scories qui le ternissent, la pensée, dans cette épreuve de l'isolement absolu, se clarifie et se dépouille rapidement des vulgarités et des platitudes des soucis de tous les jours.

Mais ce n'est pas la gaieté que fait naître ce reploiement de l'âme sur soi-même. L'abus de la vie intérieure est la source de tous les pessimismes et je sens que je vais rouler sur cette pente douloureuse.

Dans la chambrette qui abrite, pour quelques jours, ma vie de physiologiste errant, loin de mon pays, loin des miens, comme un homme qui s'est pour toujours séparé du monde, je revois en pensée, chaque soir, quelque époque récente ou déjà lointaine, du passé que j'ai vécu et je ressens, dans l'évocation de ces souvenirs souvent tristes, une âpre et mystérieuse volupté.

. . . .

Où sont-ils les compagnons de mon enfance et de ma jeunesse? Des ormeaux qui bordent le chemin que nous suivions ensemble combien n'ont dépassé que les premiers ! Enfants, adolescents, jeunes hommes, hommes mûrs, autant de haltes où sont restés derrière, pour leur dernier gîte d'étape, les plus forts, les meilleurs, les mieux doués. Si j'en dressais la liste, depuis les premiers compagnons de jeux et d'école, jusqu'aux camarades d'internat parisien, aux compétiteurs dans les grands concours, combien manqueraient à l'appel? Armand Parrot tué au fort de Vanves par un obus prussien, celui-ci camarade de salle de garde, mort du croup à l'hôpital des enfants, Louis Raynaud tué au Tonkin par une balle chinoise, Alfred Richaud, une belle intelligence et un grand cœur, surmené de travail, de dévouement à ses malades, mort à Marseille de fièvre typhoïde, Joseph Bouffard, travailleur infatigable, avocat d'avenir terrassé par un mal implacable. Quand je revois, par le souvenir, la salle de garde de l'hôpital Saint-Louis, en 1874, je suis terrifié du nombre des morts : Labarraque, Richaud, Homolle, Hybre, Henriet, Bourceret d'autres encore peut-être. Et les autres, ceux qui survivent, dispersés aux quatre vents du ciel. Et moi-même, en ce moment, à quatre mille lieues de mon pays, au sommet des Cordillères, attristé du présent, incertain de l'avenir. Etrange agitation que celle des hommes, et ces pensées me remettent en souvenance les vieilles *coplas* de Jorge Manrique que je lisais l'autre jour et qu'on dirait inspirées des ballades du temps jadis de notre Villon :

> *Recuerde el alma adormida*
> *Avive el seso y despierte,*
> *Contemplando*
> *Como se pasa la vida,*
> *Como se viene la muerte*
> *Tan callando* (1)

Mais je sens que le pessimisme me gagne à remuer tous ces souvenirs. Oui, devant toutes ces existences fauchées dans leur fleur, on se prend à se poser l'éternelle question des philosophes amers, depuis Job jusqu'à Schopenhauer : La vie a-t-elle un sens, ou sommes-nous les jouets d'un hasard inconscient et cruel ?

> ...... *incerto fluerent mortalia casu.*

Redoutable et mystérieux point d'interrogation. Mais je sens qu'à 4,500 mètres au-dessus de la mer, entouré d'une nature

---

(1) Que l'âme endormie se souvienne,
  Que la pensée reprenne vie et s'éveille,
    En considérant
  Comme la vie passe vite,
  Comme la mort arrive,
    Sans faire de bruit.

désolée, écrasé par ces pics qui dressent, au-dessus de la chaîne des Andes, leurs neiges et leurs glaciers inviolés, au milieu des éléments déchaînés en tempête, dans ma cabane de chaume, où je suis comme l'oiseau de la solitude, *similis factus sum pelecano solitudinis*, sans aucune des choses qui font le charme de la vie, oui, dans mon exil aérien, à revoir en pensée, au fil de mes souvenirs, ce passé déjà lointain où m'apparaissent, comme à travers la brume, tous ces visages à demi effacés et tristes, d'amis et de camarades disparus, à revoir surtout un passé plus récent et plus douloureux, où j'ai laissé une moitié de mon âme, dans un déchirement dont mon cœur saigne encore, oui, je sens qu'en ce lieu, qu'en cette heure, je ne répondrais pas par l'hymne reconnaissant et optimiste des John Lubbock ou des Renan sur le bonheur de vivre, mais par ce cri désespéré des pessimistes : Non la vie n'a aucun sens et ne vaut pas la peine d'être vécue.

Mais la physiologie qui m'a conduit ici m'est venue en réconfort dans cette angoisse. Comme une Muse familière, elle m'a rappelé qu'il ne faut rien faire, dans le domaine des faits comme dans celui de la pensée, sous l'influence exclusive, inhibante, d'une impression trop vive, colère ou joie, plaisir ou souffrance. Car notre raison, vacillante et fragile, est à la merci d'un peu plus ou d'un peu moins de sang que le cœur envoie au cerveau et bat la chamade, comme une boussole affolée, pour un peu plus d'oxygène que reçoivent nos cellules cérébrales.

» O mon disciple, me dit cette douce con-
» seillère, arrête la promptitude de ton
» jugement, attends que ton Moi pensant,
» dégagé de toutes ces conditions physiques
» et morales entre lesquelles il n'a pas accou-
» tumé de vivre et de se mouvoir, redevienne
» vraiment Lui, et retrouve son équilibre des
» anciens jours. Attends et, en attendant,
» enchaîne ta pensée tumultueuse au labeur
» que tu as entrepris, cherche dans le travail
» l'oubli du mal que tu as souffert, et endors
» ta douleur dans la passion scientifique.
» Bientôt tu descendras de ces sommets
» glacés dans les vallées, et des vallées
» dans les plaines. Bientôt tu revivras ta vie
» habituelle, et ta pensée pourra reprendre
» son équilibre dans son milieu familier.
» Attends ! » J'attendrai. J'attends.

* * *

20 octobre.

Portraits de Serranos. — Ce matin, une petite caravane est venue demander à déjeûner à l'hacienda et à faire reposer ses bêtes. Elle a pour Chef un petit vieillard de bonne mine, accompagné d'une jeune fille et d'une dame. Ils vont à Lima. En costume de voyage, coiffé du panama, couvert du *poncho* et de la *bufanda* sous lesquels il porte la jaquette et le pantalon gris, botté, éperonné, l'homme ressemble absolument au premier *hacendado* venu. Mais, à peine était-il descendu de sa jolie mule blanche, que mon compagnon l'a reconnu, à première vue, pour un prêtre. Et, quand je lui demande la raison de cette divination qui m'étonne, — c'est *por lo gordo que es* [1] — me répond-il en riant. Ce qui me fait

---

(1) C'est à cause de son embonpoint.

songer tout de suite au portrait de *Fray Gerundio* que son historiographe nous représente, en effet, *algo salido de panza* (avec une pointe de bedaine). Vérification faite, notre hôte est, en effet, curé de X..., et il va, avec ses dames, qui l'attendront dans la banlieue de Lima, se faire investir *canonigo* (chanoine). Ce curé est très riche et sa fille (vous avez bien lu, sa fille) est un très bon parti qui trouvera facilement preneur.

Tous les curés de la Sierra vivent ainsi maritalement. Parmi les Français qui me liront, les uns vont sans doute crier au scandale, à l'abomination de la désolation, les autres, à l'esprit voltairien, vont noter le fait au passage et l'inscrire dans le petit dossier qu'ils réunissent contre l'Eglise catholique. Mais, avant de s'emballer sur cette question, j'engage les uns et les autres à aller vivre quelque temps de la vie de ces prêtres montagnards. Quand ils auront vu le pays, ce que sont ces misérables *pueblos* ou villages séparés du monde et de la civilisation, absolument perdus dans des vallées sauvages, peuplées d'Indiens stupides, ils ne pourront s'empêcher d'accorder au moins à ces prêtres le bénéfice des circonstances atténuantes. La situation est d'ailleurs connue du public, puisqu'elle n'est nullement dissimulée, et ne scandalise personne. Cette tolérance ne s'étend d'ailleurs qu'aux prêtres de la Sierra, et non à ceux des villes de la côte où le clergé observe un peu plus de réserve et doit, au moins, sauver les apparences.

Cette situation, commune à tous les prêtres catholiques de l'Amérique du Sud, n'effarouche personne et se concilie très bien avec l'ardente foi des populations de ce pays. Elle rappelle absolument l'état de choses qui était général dans toute l'Europe catholique du XIIIe siècle, et, pas plus que nos pères, bien plus croyants que nous, pourtant, ne se trouvaient choqués de la présence dans chaque maison curiale de ce qu'on appelait alors les « *focariœ* », les Hispano-américains d'aujourd'hui ne songent à mésestimer les prêtres qui se sont créé une famille pourvu que, d'autre part, leur vie soit honorable. En veut-on un exemple? Le curé qui est passé ce matin à la Mine, loin d'être un réprouvé, va recevoir à Lima une dignité ecclésiastique, car les évêques, de leur côté, impuissants à réprimer cet abus ferment sagement les yeux. En voici un autre:

Aujourd'hui 20 octobre l'un des majordomes de l'Hacienda est allé chercher à Yauli les lettres et les journaux apportés, chaque semaine, par le courrier de Lima. Dans un numéro du journal *el Comercio* particulièrement documentaire, je lis qu'on a saisi au Callao cent seize lettres *non affranchies*, entre les mains d'une personne qui devait les faire parvenir en contrebande postale. Une de ces lettres, c'est pour cela que j'ai noté le fait, est adressée, le plus naturellement du monde, et sans le moindre sous entendu injurieux :

A la señora MARGARITA CALDERON

esposa del señor Cura

de Caos-Llapo

favor del señor J. L. J.

Ainsi cette situation, pour irrégulière qu'elle soit, est reconnue et acceptée par le public, si elle ne l'est plus par les canons de l'Eglise. Car le sentiment populaire, plus fort que toutes les conventions artificielles, comprend parfaitement qu'avant de jouer un rôle dans cette comédie aux cent actes divers qu'on appelle la société humaine, l'homme, prêtre ou laïc, ne saurait échapper à sa nature qui est celle d'un animal, raisonnable ou non, et qu'il partage à ce titre, avec tout ce qui vit, la nécessité de se nourrir et de perpétuer son espèce. Aucun *Syllabus*, aucune convention humaine ne saurait prévaloir contre cette loi naturelle, aussi nécessaire, aussi fatale que la loi de la chûte des corps graves et de l'attraction universelle. C'est ce qu'avaient bien senti les clercs du Moyen Age, et leurs âpres protestations contre les bulles du pape qui entreprit de réformer les mœurs du clergé, font sans cesse allusion à cet inéluctable besoin de la chair :

Medullas urit ossium,
Et vires frangit fortium !

dit la célèbre parodie d'une hymne bien connue. Mieux vaut donner à ce besoin une satisfaction légitime que de s'exposer aux ravages d'une continence impossible. Ceux qui y échappent sont des êtres aberrants, des monstres.... des monstres de vertu. Mais l'exception de quelques individus qu'une volonté rare, véritablement surhumaine, ou plutôt une organisation morbide a préservés d'obéir au vœu de la nature, ne saurait infirmer la loi générale.

Et puis, où serait, ici, l'avantage de ce prodigieux effort sur soi-même? J'avoue ne pas le voir et je comprends l'indulgence dont on enveloppe en ce pays les prêtres qui méritent doublement le nom de *padres* qu'on leur donne, puisqu'ils sont, en même temps que pères spirituels de leurs ouailles, les pères naturels d'une famille souvent nombreuse et, par cela même, bénie de Dieu.

* * *

22 octobre.

Nous sommes allés ce matin visiter l'ermite de Morococha. A l'appel de *Coca*, le *mayordomo* qui nous accompagne, je vois un affreux petit vieux, vêtu de haillons sordides, oppressé, toussant, les yeux rouges, sortir du misérable *tambo*, plus enfumé qu'une tanière de renard, où il gît comme un animal sur une litière d'herbes sèches. Cet homme primitif, cette demeure plus primitive encore, ouverte au vent et au froid sur les bords de la lagune, me reportent en pensée aux temps préhistoriques de l'humanité. Dans cette cabane dont un castor ne voudrait pas, on ne peut entrer qu'à quatre pattes; l'homme n'a, il est vrai, que 1^{m}44, et il lui suffit de se baisser un peu pour pénétrer chez lui. Sa hutte, de 3 mètres de large, faite en pierres brutes à peine cimentées en dedans par un peu de terre, a la forme ronde habituelle aux sauvages. Le mur, percé en guise de porte d'un trou que rien ne ferme, a environ deux pieds de haut et supporte le toit de chaume qui monte en pointe à six ou sept pieds du sol. Une bonne caverne serait plus confortable.

A côté de la hutte je vois, à droite, un petit tas de minerai avec deux grilles à cribler; à gauche, un amas de plaques de gazon tourbeux recouvert d'un peu de chaume. C'est la provision de combustible dans ce pays où il n'y a pas de bois. La moitié de la hutte est occupée par un autre tas de ce gazon qui finit de sécher, avant de pouvoir alimenter le maigre foyer de cet ermite.

Le reste de la case est jonché de la même herbe grêle et sèche qui forme le toit et qui pousse parmi les rochers d'alentour. C'est là dessus que couche le bonhomme, enveloppé de quelques lambeaux de couvertures grossières. Le foyer, formé d'une *estufa*, laisse échapper plus de fumée dans la cabane qu'il n'en sort au dehors par son bout de tuyau rouillé, et le vieux, à demi-boucané, justifiera le vers célèbre quand il sortira de la vie, comme un vieil hareng saur.

Cette misérable habitation humaine, bien que située tout près d'un chemin que j'avais déjà suivi plusieurs fois, m'avait complètement échappé, tellement elle se confond avec les rochers qui l'environnent. Comme ces animaux *mimétisants* qui calquent leur livrée sur la couleur des branches, des feuilles ou des fleurs sur lesquelles ils vivent pour se mieux dérober à leurs ennemis, le vieil Indien s'est fait une cabane qu'on ne distingue pas à deux pas, bien qu'elle soit située complètement à découvert, si l'on n'est pas prévenu. Il ne se doute guère, le pauvre *Taïta* qui vit là, à l'état de nature, qu'il serait pour certains naturalistes, partisans de Darwin, un exemple à ajouter à ceux qu'on a déjà réunis sur le *mimétisme*.

Quelle vie que celle de ce solitaire vêtu de haillons qui le couvrent à peine, sous un climat toujours rude, buvant l'eau de la lagune, mangeant des pommes de terre gelées. Les sauvages de la région des forêts vierges sont cent fois plus heureux que lui. Ils ont la chaude haleine du soleil qui leur tient lieu de vêtement, ils ont des fruits, des bananes, du poisson, du gibier en abondance. Plus isolé que le tailleur de pierres de Saint-Point, un autre solitaire à qui je le comparais, il manque littéralement de tout. Celui-ci, au moins, avait un jardin, des chèvres, des poules, un chien. L'autre n'a rien, au milieu des rochers où il a bâti sa demeure.

Et, cependant, on me dit que ce vieillard qui parait avoir soixante-dix ans, car il ne sait même pas son âge, pourrait être très riche. Il a découvert jadis, dans le voisinage, deux importantes mines d'argent, *San Pablo* et *Buenaventura*, qu'il a données aux propriétaires de Morococha pour qui il travaillait habituellement. Ceux-ci, reconnaissants, ont donné l'ordre à leur intendant de veiller à ce que le bonhomme ne manque de rien, de le loger, de le nourrir, de le payer chaque quinzaine comme les autres *peones*, même sans qu'il travaille. Mais, dès qu'il descend à l'hacienda, au bout d'une demi-journée il reprend le chemin de sa cabane, et il quitte le confortable relatif qu'il pourrait avoir en bas pour remonter dans son aire. Il ne peut pas, dit-il, quitter la mine ! Comme l'aigle ou le condor, il a la nostalgie des sommets désolés, non sans doute par misanthropie, car aucune idée n'a jamais, je suppose, germé dans son vieux crâne vide, mais par cet invincible lien qui nous rattache, comme les animaux eux-mêmes, à la terre où nous sommes nés, où nous avons longtemps vécu, et où même les plus heureux ont, au moins quelquefois, amèrement souffert !

> Objets inanimés, avez-vous donc une âme
> Qui s'attache à la nôtre et la force d'aimer ?

Dans sa taille de 4 pieds 3 pouces, avec son bonnet à oreilles rabattues, son nez crochu, son œil borgne, sa barbe hirsute et rare, il me représente le nain, le gnôme de la montagne.

Car, quoi d'étonnant à ce que ces Andes désolées, cette *cumbre* redoutable qu'on ne franchit pas sans payer son tribut de nausées, de syncopes, de pleurs de sang et d'hémoptysies au terrible *Soroche*, soient habitées par des esprits, des génies, qui châtient par ces maux l'audace sacrilège des hommes venus en spoliateurs dans ce domaine des Incas ? Combien de vieux mythes de l'humanité n'ont-ils pas leurs racines dans les mystères de la montagne ? Les hauts lieux ne sont-ils pas l'officine des nuages, de la pluie, des avalanches, de la foudre ; ne furent-ils pas la résidence de Jupiter et d'Odin, et Jéhovah lui-même n'y descend-il pas pour donner ses ordres aux humains ?

Oui, la montagne est sainte et sacrée, malgré les violations sacrilèges que lui ont fait subir les étrangers, — *audax Japeti genus* — devant qui les divinités locales ont disparu, et le nain de Morococha est sans doute quelque survivant attardé de ces esprits qui s'en vont. Je vous le demande, n'est-il pas en dehors de la nature ce gnôme qui découvre d'inestimable trésors et en fait présent à ses maîtres sans rien garder pour lui ? Qui, pour rien au monde, ne veut quitter les rochers sauvages au milieu desquels il habite, éternellement seul ? Qui vit d'on ne sait quoi, et à qui les condors apportent peut-être sa nourriture, comme jadis les corbeaux aux ermites de la Thébaïde ?

Pourtant homme ou démon, je me familiarise avec cet être inoffensif et borné et, après l'avoir mensuré en haut et en large, comme on fait au laboratoire d'anthropologie, après avoir compté sa respiration et son pouls, je lui donne une pièce blanche pour s'acheter de la *chacta*, l'eau-de-vie des Indiens, qui réchauffera son vieux corps et mûrira son rhume.

* *

23 octobre.

Nous sommes ici dans la patrie des lamas. Tous les jours il en passe des troupeaux, et on ne peut parler de la Cordillère sans parler de cet honnête animal qui en est l'inséparable complément.

Le lama est bien l'emblême de l'Indien de la Sierra, et l'on pourrait faire de leurs qualités et de leur caractère un parallèle rigoureux. Ils sont les fils de la montagne qui les a marqués tous deux de sa profonde empreinte. Tandis que le cheval et la mule ardents et fiers, venus d'Andalousie, nous représentent l'*hidalgo,* le *conquistador*, avec qui, d'ailleurs, ils sont venus, le lama est l'enfant de la Cordillère, le type par excellence de l'animal montagnard. Moins stupide que le mouton et moins capricieux que la chèvre, le lama eût fourni à Toussenel la matière d'une page charmante de zoologie passionnelle. Sa petite tête intelligente et fine, semblable à celle d'une biche, est curieuse à observer, car elle jouit d'une mobilité d'expression très grande.

C'est par le mouvement de ses oreilles que le lama traduit ses émotions. Toutes deux dirigées en avant, elles signifient la curiosité sans mélange de crainte; l'une en avant, l'autre en arrière, elles expriment l'attention inquiète; toutes deux en arrière à des degrés divers d'inclinaison elles traduisent la crainte; et si cette inclinaison d'oreilles s'accompagne d'une grimace et d'un crachat, on peut être sûr qu'on a provoqué la colère de l'animal qui n'a pas d'autres façons de manifester ce sentiment n'ayant ni cornes, ni griffes, ni crocs pour se faire respecter. Ne semble-t-il pas dire, ce ruminant inoffensif et désarmé, à l'ennemi qui l'attaque: O toi qui oses molester une pauvre bête du bon Dieu qui n'a qu'une sécrétion pour se défendre, tu n'es qu'un lâche et je te conspue.

Admirable exemple d'adaptation de l'organisme aux conditions physiques du milieu ambiant, le lama montre un thorax profond et large, indice d'une respiration puissante qui lui permet de braver, sans craindre l'essoufflement, les pentes les plus raides dans l'air le plus raréfié. Derrière cette vaste poitrine se cache et disparaît presque un abdomen petit et comme rétracté, vivant témoignage d'une sobriété constitutionnelle. De là un caractère levretté bien prononcé, en même temps que la longueur prédominante de ses membres postérieurs le rend merveilleusement apte à la locomotion en montagne. Si le chameau est le navire du désert, le lama est la gabarre de la montagne et tout le trafic de l'intérieur se fait sur son dos.

Couvert d'une laine un peu grosse, épaisse et longue, qui l'enveloppe comme une bonne fourrure, il peut braver les froides nuits de la Cordillère et bivouaquer, sans abri, sous la neige. Il n'est pas rare de voir surgir, au matin, sur le flanc de la montagne, un troupeau de lamas qui ne paraissait pas l'instant d'auparavant, couché qu'il était sous un linceul de neige. Cette fourrure s'arrête aux genoux et aux jarrets et les bas des jambes, aux poils ras, secs et nerveux, paraissent sortir d'un haut de chausses. Comme le mouton, le lama tondu est très laid et paraît honteux de sa nudité. On réserve, sans la tondre, une petite place sur le dos, comme un bât, où l'on place le sac de minerai. La tonte annuelle a lieu le jour de la Saint-Jacques, patron des lamas, et c'est, par toute la Sierra, une fête dont le retour est célébré par d'inénarrables *borracherias*.

Les caravanes de lamas marchent en troupe serrée, mais il y en a toujours quelques-uns qui vagabondent dans les rochers, malgré le poids dont ils sont chargés, comme des chèvres cherchant un brin d'herbe aromatique ou tentées par un appétissant bourgeon. L'*indio* qui les suit siffle pour les faire marcher, il les frappe quelquefois, amicalement, de son lazzo en poil de lama ou, avec sa fronde, vieux souvenir des peuples pasteurs, il lance de petites pierres à ceux qui s'écartent du sentier. Les chefs du troupeau, ou les favoris du *llamero* portent aux oreilles des pompons rouges ou bleus dont ils paraissent aussi fiers que des mules de Castille de leurs caveçons multicolores.

Suivant la distance de la mine au lieu d'embarquement du minerai, le voyage (aller et retour) dure trois ou quatre jours. En ce pays de précipices, les lamas ne marchent jamais la nuit et les journées sont distribuées de façon qu'ils arrivent toujours à l'étape assez tôt pour pouvoir prendre leur nourriture avant la chute du jour, car, quelle que soit leur faim, ils ne mangent jamais la nuit même s'ils ont jeûné le jour. Point de difficulté d'ailleurs pour les nourrir. Tandis que le cheval, aristocrate jusqu'en sa nourriture, réclame de la luzerne, de l'orge ou l'herbe succulente des *potreros*, le lama moins exigeant pâture simplement l'herbe de la montagne.

Ainsi, grâce à ce ruminant des abimes, l'homme a pu conquérir l'inaccessible, et, partout, nous voyons l'action de l'homme sur la nature liée à celle du ruminant: ici le bœuf ruminant des plaines, ou le buffle ruminant des marécages; ailleurs le chameau ruminant du désert ou le renne ruminant des neiges du pôle; plus loin le yack ruminant des plateaux glacés de l'Asie; ici même le lama, ruminant des précipices. Le ruminant est l'outil de la civilisation et de la paix. Qu'est, à côté de lui, le cheval, la plus noble conquête de l'homme ? Un instrument de guerre, d'oppression, de pillage. Voyez le Hun. Voyez l'Arabe. Paix donc et gloire sur la terre aux ruminants de bonne volonté !

Les lamas de *charge* qui transportent les minerais dans la Sierra par groupe de trente ou *peara* sont les mâles. Les femelles ne sont jamais employées à cet office. La maternité est leur seule fonction. Que l'Indien n'en use-t-il ainsi avec sa femme !

Parfois, au soir des longues chevauchées, on entend, dans la solitude des hauts plateaux, en passant près de quelque *hacienda de ganado* (ferme de bétail) isolée, le cri doux et triste d'une Indienne jetant au vent cet appel semblable à un gémissement : *Huacáas! huacáas!* Et tout aussitôt, d'aussi loin qu'elles l'entendent, les femelles des lamas qui paissent avec leurs petits l'herbe maigre de la *puná* (on les appelle huacáas, tandis que le mot *llama* ou lama désigne seulement les mâles) accourent vers la voix qui les appelle. On les enferme alors dans un *cerco* sorte de corral, d'enclos en pierres sèches, où il n'y a d'ailleurs aucun abri contre la pluie ou la neige qui souvent font rage jusqu'au matin, mais que supportent bravement ces bêtes rustiques et, de longue date, aguerries contre les frimas.

Huacáas! Comme cet appel, entendu en passant, me semblait triste! Comme il soulignait pour moi la grande, l'irrémédiable mélancolie de ces sommets! Mélancolie d'une Nature sauvage où rien ne rit, ni la fleur dans l'herbe, ni l'oiseau dans le buisson (car il n'y a ni fleur, ni buissons, ni oiseaux); mélancolie d'un climat désolé où, dans un éternel frimaire, rien ne vient jamais charmer les sens, ni le vol d'un papillon, ni la brise tiède et parfumée du soir, ni la douceur et la beauté de nos crépuscules d'Occident, ni ces mystérieuses rumeurs qu'on entend chez nous dans les nuits d'été; mélancolie d'une race vaincue, opprimée, disparaissant peu à peu, mais restée douce et résignée comme le lama, son compagnon et son emblème; mélancolie d'un passé très ancien, ce passé des Incas, dont plus rien ne survit que cette impalpable tristesse répandue, comme un deuil, sur le *Tahuantin-Suyu*, cet ancien empire, aujourd'hui désert, des Fils du Soleil!

*
* *

25 octobre, *Ultranubes.*

Depuis que j'habite ces Andes, je fais des rêves étranges chaque nuit. L'homme des plaines ne s'acclimate à ces grandes altitudes qu'au prix d'une poussée formatrice d'un sang nouveau. Ce travail ne va pas sans un léger degré de congestion et de fièvre, et ce sont bien des rêves de fièvre, *ægri somnia*, qui viennent hanter mon sommeil.

Tantôt, sautant de sommets en sommets, avec une légèreté de vigogne, j'escalade des pics inaccessibles ; tantôt je descends en des précipices inconnus, jusqu'aux entrailles mêmes de la terre, parcourant des palais souterrains qu'éclaire à peine un demi-jour, une lueur mystérieuse d'éclipse et, comme par les carneaux d'un four à minerai, j'entrevois les incandescences du feu central et des volcans. Cette nuit passée, autre chimère. J'ai pris mon essor dans l'air glacé. Devenu léger,

léger, presque impondérable, il me semblait monter dans l'air, sans effort, comme une bulle qui, partie du fond de l'eau, monte, monte jusqu'à la surface. Je remontais aussi du fond de l'océan aérien vers la ligne imprécise où il se perd dans l'éther, dans le vide, au contact de l'Infini. Oh! vais-je éclater et disparaître, comme la bulle qui crève et n'est plus?

J'éprouvais une angoisse terrible à monter, monter toujours. J'aurais voulu redescendre, reprendre pied; comme le scaphandrier, avoir des semelles de plomb, pour me maintenir au fond, ou ralentir au moins ma force ascensionnelle. J'espérais trouver des couches d'air si légères, que je ne pourrais m'y maintenir, mais, à mesure que l'air devenait plus raréfié, je devenais moi-même plus subtil. Je me sentais gagné par la folie de l'espace, l'agoraphobie, l'épouvante affreuse du vide. Je faisais des efforts désespérés mais impuissants pour me contracter sur moi-même, pour reconquérir ma densité perdue. C'en était fait, j'allais me volatiliser et disparaître et, déjà, j'éprouvais un froid qui me glaçait jusqu'à l'âme (le froid de l'évaporation), quand je me réveillai, suffoqué par l'angoisse : la porte mal fermée de la chambre, ouverte par une rafale, laissait entrer un vent glacial qui venait me caresser la figure, et c'était là la cause de mon horrible cauchemar.

En reprenant pied, j'avais gardé de mon ascension folle dans l'Infini, la vision d'ensemble de la puissante chaîne des Andes sur laquelle je venais de planer si haut, si haut! J'avais embrassé, d'un seul coup d'œil, comme dans un panorama, ses hauts sommets tout blancs de neige et ses pentes sombres descendant, par des degrés immenses, des punás désolées des hauts plateaux, aux forêts vierges des versants, aux *pampas* des plaines sans fin. C'était la révélation grandiose de la montagne et de son rôle que les rochers, les vallées, les lacs, les glaciers empêchent si souvent de voir, comme les arbres empêchent de voir la forêt.

Et, dans cette apparition révélatrice, je compris que la montagne n'est pas l'amas inerte de rochers, la chose immobile et morte qu'un vain peuple pense. Comme une mère féconde, non seulement elle prête ses flancs étagés aux végétations les plus diverses, depuis la flore arborescente et fougueuse de l'équateur, jusqu'à la modeste plante alpestre, rejeton chétif, qui croît à la limite des neiges perpétuelles ; mais, même dans les altitudes inhabitées des névés éternels et des glaciers inaccessibles, elle travaille au grand œuvre de la vie universelle. Et quel travail véritablement immense, bienfaisant, maternel ! Elle prépare et conserve, pour la distribuer au temps voulu, ainsi qu'une mère prévoyante, l'eau douce dont les continents et les nations s'abreuvent.

Les alchimistes arabes ont inventé, dit-on, l'art de distiller. Quelle risible prétention ! Ils ont inventé, tout au plus, les cornues et les alambics, car, depuis le commencement du monde, la nature emploie ce procédé, — avec quelle grandeur ! — pour donner à la terre l'eau fécondante des pluies, des sources, des fleuves, cette eau qui est la condition indispensable de la vie sur le globe, et dont les plantes et les animaux se désaltèrent. En doutez-vous ? Regardez : Du grand Océan Pacifique, comme d'une vaste chaudière, l'eau salée de la mer, chauffée par les rayons du soleil, s'élève en vapeurs qui montent, de plus en plus légères, dans le ciel pour y former les nuages. Le vent du large qui passe, le souffle puissant de la mer emporte ces vapeurs vers la terre. Mais la haute muraille de la Cordillère les arrête. Au contact de ses névés et de ses glaciers, la subtile vapeur, subitement refroidie, mieux que dans le serpentin des Arabes, se condense en gouttes aussitôt congelées, ajoutant une nouvelle couche de glace au glacier, de nouveaux flocons de neige au névé.

Ces pauvres âmes des gouttes d'eau qui montaient si joyeusement vers la lumière semblent à jamais captives, dans leur prison de cristal, à jamais pétrifiées et mortes. Mais le glacier, trompeur emblème de l'immobilité, qui paraît figé là pour des siècles et sur lequel n'ont prise ni les brûlants rayons de l'été, ni les chaudes haleines du printemps qui ne montent pas jusqu'à lui, le glacier se meut, le glacier descend dans la vallée vers les régions plus chaudes, et, des grottes de sa base sourdent en filets, en suintements, en cascatelles, les eaux libérées des glaces et redevenues vivantes.

Oh ! il ne marche pas vite le glacier. Non, il descend de ce mouvement, inappréciable à nos sens, des choses qui ont l'éternité devant elles, et, seuls, des savants ingénieux et pleins de patience ont pu mesurer cette marche. Il se passe, d'ailleurs, d'étranges choses dans les entrailles profondes, insondables du glacier. Avec une plasticité étonnante, la glace, comme ferait une pâte ductile et molle, s'accommode, se moule sur les formes de la haute vallée qui lui sert de lit, épouse tous les contours de la montagne. En vain quelques rochers veulent l'arrêter dans sa marche; comme un torrent irrésistible il les emporte, ou, comme un fleuve paisible, il se détourne pour continuer sa route. Il descend ainsi à la zone limite où la gelée des jours et des nuits ne retient plus ses eaux prisonnières, et celles-ci, rompant leur captivité de quarante ans, perlent en gouttelettes irisées, s'épanchent en suintements discrets, ou en sources bouillonnantes sortant, sous des arches d'azur, des profondeurs glauques du glacier.

Étonnante harmonie! A mesure que de nouvelles masses d'eau se figent et s'amoncellent au sommet du glacier, de nouvelles glaces fondent à sa base, le maintenant ainsi, par ce double travail d'assimilation et de désassimilation, dans un équilibre parfait, comme un véritable être vivant. Tout ce qu'il absorbe, le glacier le rend un jour, et les victimes englouties dans ses crevasses sans fond, reparaissent trente ans, quarante ans après à sa base, délivrées enfin par le dégel, et témoignant ainsi que le glacier accomplit sa descente dans ce délai, avec la solennelle lenteur d'une lieue par demi-siècle.

Voilà le rôle de la Cordillère. Elle est, pour l'immense Amérique, la Mère des Eaux. Supposez un instant que sa crête puissante, qui culmine à 5,000 mètres, s'abaisse de la moitié de sa hauteur, et les réservoirs glaciaires disparaissent, le château d'eau du vaste continent se tarit, la moitié des nuages venus du Pacifique passent, sans être arrêtés au passage, et l'Amazone, véritable mer d'eau douce, n'est plus qu'un torrent, à sec une partie de l'année. Supposez que la Cordillère rentre tout entière dans le sol, et la région si fertile, si bouillonnante de vie, qui s'étend des pentes orientales de la Cordillère aux rives de l'Atlantique, n'est plus qu'un infranchissable désert de sable, un *arenal* semblable à ceux de la *Costa* du Pacifique, le plus vaste désert du monde.

Si énorme que soit le tribut prélevé sur les vapeurs océaniennes par la crête glacée de la Cordillère, pour assurer l'approvisionnement futur de l'Amérique du Sud, cependant bien des nuées passent au-dessus de la formidable barrière, sans y rester emprisonnées dans le glacier. Celles-ci formeront sur le versant oriental, suivant le niveau où elles crèveront, les chutes de grêle et de neige, instantanément fondues, des hauts plateaux, ou les pluies chaudes de la région des forêts vierges. Mais, de la terre aussi, dans l'entre-Cordillère et dans les vallées orientales, naissent d'autres nuées. Tous les jours, à la saison des pluies, sur le rebord des plateaux, comme du haut d'une terrasse immense, on assiste, vers le soir, à la formation grandiose des nuages. Des vallées moyennes et basses, s'élèvent, sous les rayons du soleil, d'imperceptibles vapeurs. Mais, à mesure qu'elles montent, l'atmosphère refroidie des hauts lieux les condense en impalpables gouttelettes formant des brouillards visibles qui s'épaississent, s'amoncellent, s'étendent comme un véritable rideau, cachant tout au-dessous de lui, puis crèvent et retombent en pluie dans la vallée, qu'ils laissent de nouveau apparaître.

Rien d'étrange, quand on n'a jamais vu les

nuages et la pluie que par dessous, comme de les voir un beau jour par dessus. Être de l'autre côté des nuages, quel rêve ? Et qui ne l'a fait ? C'est comme au théâtre, au lieu de toujours voir la pièce de la salle, qui ne désire la voir une fois des coulisses? Certes, le spectacle en vaut la peine, et les coulisses des nuages, pour manquer de danseuses, n'en ont pas moins leur charme. Pour l'homme délicat, pour le philosophe, connaître l'envers des choses a plus d'un attrait: l'enseignement, la surprise, souvent même la révélation de sensations nouvelles. Et puis, il y a tant de gens qui n'ont vu que l'endroit, que la façade publique et banale des objets, qu'on goûte un plaisir divin et presque jaloux à contempler ce que des millions de philistins ne verront jamais. Suivez moi donc, vous qui fatigués de voir si souvent les nuages sur vos têtes, voulez les contempler une fois sous vos pieds.

Les nuages naissent par paquets, vers deux ou trois heures de l'après-midi, dans le fond des gorges, des ravins, et montent comme une fumée, poussés par une brise légère, pour venir s'étendre et s'amonceler dans la vallée principale qu'ils couvrent parfois entièrement, formant comme une mer de nuages. Du haut de la *Cumbre*, par exemple, à 4,800 mètres de hauteur, je vois à perte de vue, à l'altitude de 4,000 mètres environ, toute la haute vallée couverte de nuages cotonneux, sans interruption, sans trous, formant une immense surface d'une blancheur éblouissante plus semblable à une plaine de neige qu'à la mer. Le zénith, au-dessus, est d'une pureté immaculée, d'une transparence véritablement sidérale. Et entre cet abîme d'azur et cet océan de blancheur, on se sent loin, oh ! combien loin, de la terre si plate et si noire !

La mer de nuages, quand elle est *étale*, représente une plaine unie, à peine mamelonnée. Mais quand elle se forme, les bouffées de brouillard qui s'accumulent, sans cesse déplacées par le vent qui les pousse, comme de gros ballots de flocons de laine, les nouvelles s'accrochant aux premières arrivées, ou se dégageant pour aller plus loin, montant, descendant, remontant, donnent l'image de vagues écumantes. Puis, tout se nivelle, le vent tombe et la mer prend l'aspect calme et resplendissant d'une vaste plaine de neige.

Et au-dessous tout est gris, tout est sombre, il pleut. Pour les habitants de la vallée et de la plaine le grand flambeau est caché par le *tendido*, qui arrête sa lumière et sa chaleur, tandis qu'en haut, pour ceux qui dominent les nuages, il flamboie impassible, inobscurci, dans l'azur lumineux et pur.

Oh! comme il serait doux de marcher sur cette plaine neigeuse, de se rouler nu dans les moelleuses blancheurs de cette épaisse toison! Quelle reine de l'Orient marcha jamais sur un tapis plus voluptueux, ou reposa son corps sur un sopha plus vaporeux et plus doux? Quelle ivresse de sentir courir par tout son être, au toucher de cet impalpable et moelleux duvet, ce frisson de plaisir que Gargantua, au contact de son « oyson » ne sentait qu'en un seul point! Sentir qu'on s'enfonce et qu'on remonte doucement, qu'on flotte, porté par la brise, qu'on est devenu léger, aérien, impondérable, qu'on vole sans effort dans un ruissellement de lumière blanche et rose, sur des nuées irisées, n'ayant au-dessus de sa tête que l'azur si tranquille et si pur, l'azur interni, l'infini royaume du bleu! Avoir tous ses sens ouverts et captant, à pleines papilles, dans un délicieux crescendo de volupté, tant de sensations inconnues, c'est sans doute le sort des bienheureux, le partage des cohortes célestes de séraphins et d'archanges, car les peintres religieux ou profanes ont toujours placé ces déités sur de vaporeuses nuées.

Mais hélas, tout cela n'est qu'un songe, qu'une extase momentanée, pareille à celle des fumeurs d'opium, et bientôt la mer de nuages se fond, s'efface et disparaît comme une simple vision, et, avec elle, les sensations rêvées. Pendant que je la contemple par en haut, hypnotisé par sa mollesse et sa blancheur, obsédé presque de l'idée d'y piquer une tête, la nuée se fond en pluie par dessous. De vastes trous se creusent par lesquels je revois, comme par une trappe, un morceau de la vallée sombre. La trappe s'agrandit, une autre se forme, puis une autre, puis beaucoup d'autres par lesquelles le soleil qui plonge rend aux objets la lumière et la gaîté.

La vaste nappe blanche de tout à l'heure n'est plus qu'un réseau de vapeurs légères, et voici que le réseau lui-même n'est déjà plus. La vallée tout entière a reparu avec ses rochers mouillés et luisants où scintille le soleil, avec ses flancs gazonnés encore tout humides de pluie et présentant la grâce fraîche et tendre d'une pelouse qu'on vient d'arroser.

Et là bas, là bas, bien loin à l'horizon, complétant le mouvement circulaire de la vie de l'eau sur le globe, j'aperçois de nouveau, comme un serpent qui s'allonge, le fleuve doré qui va se jeter dans la mer lui rapportant avec ses flots l'éternel tribut des nuages.

Si beaux que soient les effets de la mer, de nuages dans le milieu du jour, c'est au coucher du soleil qu'il faut les voir, car, après une éclaircie, les nuages se reforment souvent sur la fin du jour. Rien alors ne peut donner l'idée de ce spectacle grandiose, renouvelé des temps cosmogoniques, où, dans le court espace de quelques minutes, on assiste terrifié à l'embrasement fugitif de la terre, à la mort du soleil, à l'avènement sinistre des ténèbres. La vaste mer de nuages qui submerge au loin le continent s'illumine de tons vermeils où flamboie toute la gamme des ors. Parfois même, au moment où le soleil va plonger au-dessous de l'horizon, s'il existe une seconde zone de nuages, à quelques centaines de mètres au-dessus de la première, ces nuages supérieurs réfléchissent sur la mer de nuages les teintes délicieusement fondues de pourpre et d'améthyste que leur envoient d'en bas, par dessus la crête des montagnes, les rayons tangents du soleil. C'est alors une adorable fête de lumière rose et blonde, si douce à l'œil, a côté des éblouissantes incandescences de midi, qu'on ne se lasse pas de l'admirer.

Puis, à l'instant solennel où le soleil abaissé va plonger sous l'horizon, un reflet sinistre d'incendie, d'un rouge fuligineux, embrase au loin l'immense plaine. Et le disque élargi de l'astre mourant, rougi d'une lueur sanglante, s'enfonce et disparait, tel un brûlot qui sombre, faisant brusquement place à la nuit noire. Un vent violent s'élève alors des abîmes, comme le souffle glacé de l'Esprit des ténèbres, apportant à l'âme épouvantée l'impression désespérante de la victoire définitive de l'ombre, du néant, dans cette lutte épique du jour et de la nuit . . . .
. . . .

27 octobre. Préparatifs de départ.

Voici quinze jours que nous habitons l'*hacienda mineral* de Morococha. Nos recherches physiologiques touchent à leur fin. Tous les hôtes de l'hacienda sont venus, tour à tour, se prêter à nos investigations et nous fournir des échantillons de leur sang, depuis l'Administrateur jusqu'aux *peones*, jusqu'à Sylphida la chienne, jusqu'au coq qui nous sert de réveille-matin, jusqu'au vieux canard, le plus ancien hôte de céans, échappé, on ne sait comment, aux massacres de l'occupation chilienne. Tous ils nous ont fourni la preuve que l'anémie attribuée aux habitants des hauts plateaux par le respectable docteur Jourdanet, n'existe pas. En même temps, la constatation de l'accroissement rapide des globules dans notre propre sang (à J. Mayorga et à moi) venait nous révéler avec quelle merveilleuse facilité la Nature met notre organisme en état de s'adapter, de s'acclimater à l'air raréfié des montagnes. La lutte pour l'oxygène est ainsi un des plus curieux épisodes de la lutte pour l'existence. J'ai communiqué ces intéressants résultats à l'Académie des sciences, et j'ai eu le plaisir de les voir confirmés par les recherches indépendantes du savant professeur Müntz, de Paris, du docteur Vergara Lopez, de Mexico, du professeur Miescher, de Bâle. Mais ce n'est pas ici le lieu d'en parler davantage.

Ma campagne de physiologiste errant va donc finir, mais, avant de regagner mes pénates lointains, je veux m'enfoncer davantage dans ce pays, et pousser jusqu'à la région de la *Montaña* ou de *los Bosques*, c'est-à-dire de la forêt vierge, jusqu'à la colonie du Chanchamayo, dans les territoires du Haut-Amazone. Justement l'Administrateur a un petit voyage à faire à Tarma et il se joindra à nous pour la première partie de l'expédition. Nous partirons demain, et nous employons la fin de la journée à emballer nos appareils et à boucler nos malles, pendant qu'au dehors la neige et la grêle font rage.

Généralement toutes les choses qui annoncent une fin ont une note mélancolique et triste. Pourtant cette dernière soirée a été une des plus gaies de mon séjour ici. Nous avions à dîner trois hôtes nouveaux, arrivés cette après-midi, et, parmi eux, un Français, *rara avis*, qui tient un hôtel à Jauja et se rend à Lima pour quelque réclamation administrative. C'est un Alsacien, mais il a habité Paris vingt ans et a beaucoup roulé à travers le monde. Quelle différence avec ses deux compagnons, employés de mines, l'un Anglais, l'autre Allemand, bons garçons, mais combien gelés! Ce diable d'homme a une verve, un entrain auxquels je ne suis plus habitué et qui me surprennent moi-même. Que serait-ce s'il était marseillais ou gascon?

Il raconte un peu son histoire, véritable odyssée, suite d'avatars invraisemblables. Pendant la guerre de 1870, il a été chasseur à pied et a fait la campagne de Paris. Venu au Pérou, il va s'établir comme colon dans le Chanchamayo qui fut un instant très en vogue. Mais il jette bientôt le manche après la cognée et fait un peu tous les métiers. Il ne s'y enrichit guère et en est réduit, pour vivre, à s'enrôler dans l'armée. Plus fort que ses chefs, il donne des leçons de commandement et d'art militaire à son commandant et, au bout de deux mois, on le fait officier. Il ne tarde pas à quitter l'armée, dès qu'il a rassemblé quelques ressources, sentant qu'un homme qui parle quatre langues a plus d'avenir dans les carrières civiles. En effet, pendant la guerre du Pérou, il devient fournisseur de l'armée chilienne d'occupation et gagne beaucoup d'argent. Mais, redevenu maître du pays, le général Cacérès lui impose une contribution énorme qui le laisse sans le sou. Lui, plein de ressort, recommence autre chose et réussit. Il possède aujourd'hui un hôtel à Jauja et quelques *chacras* (fermes) qui lui assurent une existence aisée, en attendant que quelque évènement nouveau fasse dévier, une fois encore, cette vie si mouvementée.

La Oroya, 28 octobre.

Nous étions en selle ce matin, à la première heure, lestés (maigre lest!) d'une tasse de thé et d'un petit pain mal cuit, la gourde d'eau-de-vie au côté. Si le thé est trop faible [1], le *pisco* est trop fort. — Il s'agit d'aller aujourd'hui à Tarma, soit huit heures de chevauchée en deux étapes et d'y arriver avant trois heures de l'après-midi, l'heure des *aguaceros*, c'est-à-dire des bourrasques de pluie et de grêle qui reviennent périodiquement chaque jour en cette saison. Nous ferons une halte à La Oroya pour y déjeuner. Notre caravane se compose de cinq personnes : l'administrateur, le Dr Mayorga et moi plus un *mayordomo* et un *arriero* qui nous servent de guides, eux seuls ayant déjà fait le chemin.

---

[1] Par suite de la grande altitude, l'eau bout à moins de 100°. et le feu ne donne pas la chaleur nécessaire pour bien cuire le pain.

Au sortir de Tuctu, nous traversons des champs de neige où toute trace du sentier a disparu. C'est la neige, tombée hier soir et cette nuit, que quelques heures de soleil auront vite fait fondre, jusqu'à ce qu'il en retombe autant ce soir. Nous longeons, pendant longtemps, l'étroite et longue lagune de *Guascacocha* dont les eaux foncées, chargées de sels pyriteux, ont une teinte sinistre, telle que pouvait bien être celle du Styx ou de l'Averne. A mesure que nous nous éloignons de la grande crête que nous laissons derrière nous, les hauts sommets couverts de neiges éternelles disparaissent peu à peu, derrière les ondulations du plateau sur lequel nous cheminons Ce n'est plus le sol rocailleux, absolument dénudé, des hauteurs de Morococha ; mais un gazon court, d'un vert maladif, tapisse les pentes déjà plus douces, et forme, dans les petits vallons des marécages tourbeux.

Par-ci par là, des cactus, plantes frileuses égarées sur ces hauteurs, forment sur le gazon vert des taches toutes blanches. Curieuse adaptation à un climat qui ne semblait pas fait pour eux, ils se sont faits tout petits, ils sont restés nains pour ne pas s'éloigner de la terre qui les nourrit et les réchauffe, et ils se sont vêtus de longs poils laineux tout blancs, véritable toison qui les garantit de l'air froid et du rayonnement nocturne. Que de fois, du haut de ma mule, les voyant au loin, j'ai pris pour des moutons ou des lamas blancs couchés sur l'herbe, ces larges touffes blanches de cactus nains.

Plus bas nous traversons des troupeaux de bœufs au pâturage. Maigre pâturage et maigre bétail! Mais les continuelles intempéries du climat l'ont rendu rustique et, s'il trouve à peine de quoi ne pas mourir de faim, sa nourriture, au moins, ne coûte rien. C'est ainsi que dans les régions les moins inhospitalières de la *puná*, des étendues immenses, concédées à titre gratuit à des capitalistes entreprenants, sont utilisées pour l'élevage de troupeaux considérables, se chiffrant par milliers de têtes, de bœufs, de moutons ou de lamas. Certains propriétaires ont jusqu'à 20,000 moutons dont ils vendent la laine en Angleterre.

— *Cuidado!* Attention! nous crie le fidèle Coca. Voici une descente dangereuse.

— Dangereuse, en effet. Il s'agit de quitter le plateau pour descendre, par une pente presque abrupte, dans la vallée de Pachachaca où coule le ruisseau qui vient des hauteurs de Yauli. Sur le bord du plateau, je contemple un instant le panorama de la vallée. Les maisons de Pachachaca sont à nos pieds. Dans la vallée verdoyante serpente, en formant mille méandres, un ruisselet tranquille. Le long de ses bords s'étend un étroit et long remblai de terres formant les terrassements, actuellement abandonnés, du chemin de fer de la Oroya qui se terminera peut être un jour, *si Dios lo quiere* [1], nous dit Coca.

Des croupes arrondies et gazonnées, s'élevant en étages, forment, au premier plan, le versant opposé de la vallée, tandis que plus loin, à l'horizon, on voit émerger, comme des géants regardant par dessus des épaules, quelques pics couverts de neige. Leurs cimes immaculées se confondent avec les molles nuées qui semblent ouater leurs contours; si blanches les molles nuées qu'on les prendrait pour de la neige, si molles les blanches couches de neige qu'on les prendrait pour des nuées.

---

(1) Si Dieu le veut.

La descente s'est heureusement effectuée sans plongeon.

Voici Pachachaca, grand village à demi ruiné dont les maisons incendiées, sans toit, sans portes, réduites aux quatre murs, nous redisent les horreurs de la guerre et de l'occupation chilienne. Dépouillés par un ennemi impitoyable, les habitants n'ont pu relever leurs demeures et sont partis exilés de leur foyer, rappelant le douloureux *veteres migrate coloni*. Quelques-uns, moins atteints ou plus courageux, sont restés et semblent être, aujourd'hui, comme des revenants errants parmi ces ruines, ou comme les gardiens de cette *citta dolente* dont l'aspect lugubre me remplit de mélancolie.

La triste Pachachaca dépassée, la vallée s'élargit et, sur le terre-plein du chemin de fer, nos mules peuvent trotter vivement. J'admire comme la raréfaction de l'air les laisse absolument indifférentes. Sont-ce là des bêtes *anoxyhémiques*, comme le prétend la théorie *a priori* du Dr Jourdanet?

Il n'y a plus de traces de neige, bien que nous soyons encore aux environs de 4,000 mètres d'altitude. Les montagnes, de chaque côté de la vallée, sont entièrement recouvertes d'une petite herbe courte et veloutée formant comme un tapis vert-jaune, d'une nuance passée, vieillie, du plus joli effet. Ce vert jaunissant, chlorotique, visiblement gêné dans son développement par la rudesse du climat, donne au paysage comme une grâce mélancolique d'automne, et me fait songer, je ne sais pourquoi, à certains paysages du Japon ou plutôt des japonneries de Loti. Par-ci par là, quelque pointe de porphyre perce le velours et vient former une tache d'un gris rougeâtre où le lichen met sa rouille d'or.

Ces Andes se font aimables, on les prendrait maintenant pour de simples collines. Mais toujours pas d'arbres, pas de buissons, pas de fleurs pour récréer l'œil. Le gazon vert à perte de vue, la petite graminée insipide et monotone qui se propage par des rhizomes mais ne fleurit pas. Ni oiseau, ni insecte, pas âme qui vive en cette solitude muette où nous n'entendons que le bruit du torrent et le claquement rythmé des sabots de nos mules sur les cailloux de la piste.

Enfin, Dieu soit loué, voici des broussailles! Au milieu d'un chaos de pierres, d'un *pedregal,* de petits buissons ralentissent un moment notre marche et, avec eux, la vie animale s'éveille. Déjà quelques papillons apparaissent; mais de livrée bien modeste, brune ou blanche, sans rien des splendeurs, sans rien des chamarrures éclatantes qu'ont sur leurs ailes les papillons de la forêt vierge ou de la plaine. On entend aussi et l'on voit quelques oiseaux, mais peu, faute d'arbres et d'arbustes.

Que la Nature inhabitée serait triste! Le vol d'un papillon, le chant d'un oiseau, ce n'est rien sans doute, et cependant cela suffit pour dissiper cette sensation indéfinissable de solitude, d'isolement qui opprime l'âme, et je comprends que le prisonnier s'attache à l'araignée qui vient le visiter dans sa cellule.

A de longs intervalles nous rencontrons quelques bandes d'ânes gris et de chevaux efflanqués portant des *cargas*, mais pas de lamas, leur région n'est pas de ce côté de la Cordillère où les mines sont plus rares et le climat plus chaud.

A mesure que nous approchons de la Oroya, la montagne redevient sauvage et, de cette voix qui sort des choses, elle nous parle et nous raconte son histoire, pendant que nous traversons les profondes tranchées qui ont mis à découvert ses entrailles. Ici, des masses énormes de terrains de transport, à gros cailloux roulés, nous redisent la puissance des eaux précipitées des sommets et arrachant tout sur leur passage, ou la lente action des phénomènes glaciaires. Plus loin, de puissantes assises de calcaire en couches horizontales, imitant de gigantesques murailles en ruines, aux blocs cyclopéens, sont les témoins et les dépôts milliséculaires d'une vaste mer au fond tranquille. Tandis que, parfois, ces mêmes couches, violemment redressées jusqu'à devenir verticales, amincies et laminées comme les feuillets d'un livre, nous racontent les convulsions terribles de la terre et les actions métamorphiques de cette vaste chaudière centrale où bouillonnent des vapeurs à des millions d'atmosphères.

Le ruisselet de Pachachaca, successivement grossi par les innombrables filets descendus des montagnes, gonflé par les pluies et les neiges de chaque jour, est maintenant un respectable torrent et roule, avec impétuosité, ses eaux rouges dans son lit profondément encaissé.

Arrivée enfin à la Oroya (3,720 mètres

d'altitude) après quatre heures de chevauchée. Nous pensions repartir après déjeuner, mais, en mettant pied à terre, on nous annonce qu'il faudra attendre jusqu'à demain, le fameux pont qui a valu son nom au village (*oroya* veut dire pont suspendu) étant en réparation. D'autres voyageurs arrivés depuis hier attendent aussi : un négociant italien de Tarma, un ancien colonel aujourd'hui éleveur de troupeaux, homme sentencieux et pacifique, un mulâtre probablement majordome dans quelque mine.

Hôtel et déjeuner passables. Il ne faut pas être trop difficile en pareil pays. Comme presque tous ceux de l'intérieur, l'hôtel est tenu par un Italien. Ces gens-là, ainsi que les Suisses, ont une véritable vocation pour la profession d'hôtelier, de cafetier, tandis qu'on ne voit jamais un Anglais, et rarement, sauf dans les centres importants, un Allemand tenir un hôtel à l'étranger. Et pourtant, il y a ici beaucoup d'Anglais et d'Allemands, mais ils n'ont pas les qualités requises, l'obséquiosité notamment, pour attirer la clientèle et cherchent plutôt à se placer dans les mines, les chemins de fer, les compagnies de navigation.

Après déjeuner, visite aux travaux du pont. Il y en aura bien jusqu'à demain. Le Señor Dittmann, impatient et pressé, voudrait faire passer les mules à la nage et nous, comme des acrobates, sur une planche tirée du rivage opposé, au moyen d'une *soga*, et glissant sur les fils de fer tendus. L'idée me sourit peu. Mais le courant est très rapide et les berges à pic ne présentent aucun endroit où les bêtes puissent aborder. Hier un chien tombé dans le torrent s'y est noyé. Devant le risque de voir aussi noyer nos bêtes, il renonce à tenter l'aventure.

Un *ingeniero* est venu de Tarma pour diriger les travaux. Les nombreux indiens convoqués par l'alcade pour aider quelques ouvriers spéciaux amenés de la ville, regardent mais n'aident guère. Il faut les interpeller fréquemment et les harceler pour en obtenir quelque chose. Cette race est lente et obtuse. — Six cables de fil de fer solidement amarrés à chaque tête du pont sont tendus horizontalement et supportent le tablier. C'est celui-ci qu'il s'agit de renouveler. Pour cela, on pose en travers sur les fils de fer non des madriers, ni des planches, inconnues en ce pays sans arbres, mais de simples lattes de bois de la grosseur du poignet, qu'on lie sur chaque fil, au moyen d'une courroie. On travaille à la fois sur chaque moitié du pont en partant de la rive respective, et les deux équipes, de trois poseurs chacune, se rencontreront au milieu. Sur les côtés, un cable *pasa-manos*, rattaché au tablier par des courroies, sert de parapet. Tel est le pont primitif de la Oroya. C'est tout simplement le pont des sauvages dans lequel les cables en lianes sont remplacés par des cables en fil de fer. Aussi tout cet ensemble, qui n'a aucune rigidité, vacille au moindre effort et rebondit comme un tremplin prêt à lancer dans l'eau le voyageur qui passerait sans précaution.

A quelques pas du pont, je m'amuse à contempler deux vieux Indiens auxquels on a confié la mission de préparer les courroies. Assis par terre, ils découpent, avec gravité, d'étroites et longues lanières dans une peau de vache et me rappellent, dans cette occupation, le héros d'Homère, fondateur de Ville qui taillait dans la dépouille d'un bœuf, la mince lanière destinée à délimiter l'enceinte de la cité future.

Tel qu'il est, ce pont est très fréquenté et

rapporte paraît-il 4,000 *soles* par an, soit 16,000 francs environ. On paye 2 *reales* (1 fr.) par *bestia*. Il serait donc facile, avec le produit de trois ans au plus, de construire un pont plus solide, en fer ou en pierre. Mais, si la commodité et la sécurité des voyageurs y gagneraient, le pittoresque qui partout devient si rare, y perdrait certainement.

29 octobre Tarma.

Le pont terminé hier soir, nous le franchissons ce matin à la première heure. Moi, je l'avoue, avec une certaine hésitation, devant ce balancement inquiétant capable de donner le vertige. On passe un à un, avec d'infinies précautions, trainant sa monture derrière soi et s'arrêtant, dès que les oscillations deviennent trop fortes, pour n'être pas projeté par dessus bord. Les bêtes aussi, malgré la fixité plus grande de leur centre de gravité, éprouvent une sensation d'inquiétude étrange sur ce sol qui monte et descend sous leurs pieds, avec un mouvement de vague.

Notre petite caravane s'est grossie du colonel et du Zambo, et nous remontons en file indienne une vallée latérale dont le petit torrent cristallin vient se jeter dans le Rio de la Oroya. L'air froid du matin pique assez fortement, dans ce couloir que nous suivons, et plusieurs des cavaliers, pour se réchauffer, font de fréquents appels à la gourde d'eau-de-vie.

Tout à coup, au devant de nous, un bruit de clochettes se fait entendre et trois mules de charge, vivement poussées par un cavalier monté sur une quatrième bête, la carabine en sautoir, nous obligent à nous ranger sur le bord de l'étroit sentier, pour leur livrer passage. On échange au vol un *buenos dias* amical. C'est la poste qui fait le service de Tarma à Chicla et qui passe une fois par semaine. Il ne faut pas songer ici à la merveilleuse organisation qui met en France une localité quelconque en rapport quotidien avec tout le reste du pays. Comme chez nous au temps de Louis XI, la poste se fait dans la plus grande partie du Pérou à dos de mulets, et les lettres mettent huit jours pour arriver, quand elles arrivent, car, sur ces chemins solitaires, les brigands ont beau jeu pour détrousser les courriers.

Au bout d'une heure de montée environ,

on arrive à une *Punà*, vaste plateau légèrement ondulé, à 4,000 mètres de hauteur, solitude immense où règne un effroyable silence, sans habitation, sans arbres, sans arbustes, couverte d'une herbe courte et chétive, le *stipa ichu*, l'éternelle graminée de ces deserts. Deux espèces d'oiseaux qui se lèvent à notre passage sont les seuls habitants de ces hautes et mornes plaines. Les uns assez gros, groupés par couples, assez semblables à des perdrix des neiges, les autres tout petits, en vol assez nombreux, pareils à des alouettes. Pauvres oiseaux. Avoir des ailes et rester là !

Nulle part je n'ai senti, comme en ces hauts lieux, l'impression accablante de l'isolement. Il me semblait que j'errais dans les solitudes désolées de ces terres australes, perdues dans les océans polaires, et dont les noms sinistres, *Terre de la désolation, etc.*, glacent l'âme autant que leur climat glace le corps. Sous ce ciel blafard, dans ce paysage décoloré, tel que doivent-être les paysages lunaires, on se sent pris d'une invincible mélancolie, d'une désespérance morne qui brise les ressorts mêmes de la volonté. On se croit entré pour toujours dans le néant, dans le monde chimérique des choses qui ne sont plus. On a positivement l'hallucination de l'Infini. Puis, comme un balancier qui s'arrête, la pensée se ralentit, la notion, jusque là fluide et vivante de son être, de l'heure, de tout, semble se figer et se pétrifier pour toujours. Tout va finir. C'est comme la vision anticipée de la fin du monde.

> L'Eternel a brisé son tonnerre inutile,
> Et, d'ailes et de faux dépouillé désormais,
> Sur les mondes détruits le Temps dort immobile.

Ouf! Les plus affreux cauchemars ont aussi une fin et, grâce à nos mules, heureusement insensibles à l'action déprimante de la Puna, ce plateau funèbre est enfin traversé. Arrivés sur le bord opposé de la *meseta*, nous pouvons contempler, avant de descendre, bien loin, tout au bout de l'horizon, une chaîne de montagnes bleues qui profilent leurs dentelures sur un fond de nuages laiteux. C'est la Cordillère orientale que je franchirai dans quelques jours pour atteindre le Chanchamayo, et derrière laquelle s'étend l'énorme continent de l'Amérique du Sud, la plus grande plaine du monde, la plaine de l'Amazone.

Après l'insipide et morne puná, le ravin invraisemblable, accidenté à plaisir, où l'on risque, à chaque pas, de se rompre le cou. Mais, en vérité, j'aime mieux ça. Sur un sentier d'un pente énorme, tout encombré de pierres roulantes et de rochers, aux zigzags innombrables, où notre caravane se déroule comme un serpent, nous opérons, avec des précautions infinies de nos mules, une longue, très longue descente. Fatigué de me tenir rejeté en arrière, les jambes endolories par l'extension forcée sur les étriers, je mets pied à terre et finis de descendre à pied ce *mal paso*.

Enfin, nous débouchons dans une nouvelle *quebrada* où, bientôt, apparaissent les premiers arbustes et les premières maisons depuis la Oroya. Nous sommes dans un climat meilleur où l'arbre et la plante humaine (*la piànta uomo*) peuvent vivre et se développer. Les maisons rangées sur le bord du chemin sont des cases en terre rouge d'un aspect assez misérable. Au devant est un petit *corral* avec quelques poules, un âne pelé, un cochon noir. Les Indiennes accroupies sur leurs portes filent leur petite quenouille de laine, fixée sur le pouce, et nous regardent passer d'un air morne, tandis que des bandes de chiens roux à demi sauvages, aux oreilles droites, au museau de chacal, aboient longuement après nous.

En quelques points, sur des rochers abrupts dominant la vallée, on me montre un *Caserio* incas, reste informe, constitué par quelques pans de murailles dont la couleur se confond avec celle des rochers, et qui fut jadis, avant la conquête, l'habitation d'un Cacique, chef d'un village de la vallée. Qu'elle a été complète la destruction de cet empire Incas dont les ruines mêmes ont péri, et dont les souvenirs ne vivent plus aujourd'hui que dans la légende, cette résurrection populaire du passé !

L'étroite et irrégulière bande de terrain qui forme le fond du val, de chaque côté du *riachuelo*, est coupée en petits champs cultivés, de forme bizarre, occupés par de l'alfalfa (luzerne), des fèves et des pommes de terre en fleurs (deuxième récolte) et du maïs récemment levé.

Les arbustes qui bordent le torrent deviennent plus grands. Ce sont maintenant des saules élancés assez semblables à notre peuplier pyramidal, et au-dessous desquels des arbustes buissonneux forment comme des haies. Et dans ces arbres et dans cette verdure, on entend un gazouillement d'oiseaux qui réjouit l'âme. Après les frimaires et les nivoses éternels des hauts sommets, on est ravi de tomber en plein germinal, et ces premières frondaisons d'arbres, ces premières fleurs qu'on rencontre donnent à ce vallon, où les oiselets chantent, une fraîche grâce d'avril, un charme pénétrant de renouveau et me font, je ne sais pourquoi, songer au vieux rondel du bon Charles d'Orléans :

> Il n'y a beste ni oiseau
> Qu'en son jargon ne chante ou crie :
> Le temps a laissé son manteau
> De vent, de froidure et de pluie.

Nous rencontrons maintenant d'assez nombreux villages. Par les portes ouvertes on voit que, dans la plupart des maisons, il y a, comme meubles, une sorte de comptoir en terre avec des pains indiens et quelque chair équivoque, quartier d'agneau ou charqui, tout noir de mouches, et, dans le fond, le long du mur, une planche chargée de bouteilles. Fichés dans le mur, au dehors, de minuscules drapeaux, les uns blancs, les autres grossièrement teints aux couleurs du

Pérou, signalent aux passants les débits d'*aguardiente*. Si peu civilisés ces Indiens et déjà tous mastroquets!

A mesure que nous descendons la vallée, la température s'élève. Les agavés se montrent par ci par là, sur le bord du chemin, brandissant, comme des sabres, leurs larges feuilles menaçantes d'où s'élance, raide et fière, leur gigantesque hampe. Puis d'innombrables arbustes aux fleurs pleines d'éclat et de parfum : rouges, jaunes, bleues, blanches, écarlates, violettes, que sais-je encore? des fleurs à remplir des corbeilles, à payer un palais, si on les avait à Paris ou à Londres. L'air en est littéralement embaumé et je regrette de ne connaître aucune de ces plantes, à peine, pour quelques-unes, leur famille. Mais qu'importe, les trouverais-je plus belles ou plus odorantes parce que je pourrais mettre un nom latin sur leurs corolles qui seront peut-être fanées ce soir ?

Enfin Tarma apparaît dans le lointain, au fond d'un amphithéâtre de Cerros. Nous précipitons notre marche rapide. El señor Dittmann, sur sa grande mule infatigable, marche un train d'enfer et je suis obligé, pour suivre les autres, *longo sed intervallo,* de maintenir ma vieille mule au galop. Mais malgré plus de 3,000 mètres d'altitude, elle ne s'essouffle pas trop. Demi-heure s'écoule encore, à user les tours et détours du chemin, et nous entrons enfin dans Tarma, massés en groupe, et chef en tête, comme une caravane qui se respecte.

31 octobre, Palca.

Après deux jours de repos dans la paisible et salubre Tarma, nous partons pour la Montaña [1] et la région du Chanchamayo avec un Indien qui nous sert de guide.

Aux environs, on est déjà informé de notre passage, et le *Gobernador* du bourg important d'Acobamba m'a fait prier de m'y arrêter pour voir, comme médecin, une femme atteinte de la rage. L'aimable señor Pichu, notaire à Tarma et agent consulaire de la France en ces pays perdus, entrevoit déjà pour moi la constatation d'une grande découverte qui doit m'égaler à Pasteur. Il n'est bruit,

---

[1] Région des forêts Vierges.

en effet, depuis quelque temps, dans le pays, que de la vertu curative du jus de *Maguey* contre la terrible maladie. On cite des individus qui ont été guéris de la sorte en divers endroits, mais le fait n'a pas été constaté ou vérifié par des médecins, et on espère que je vais enfin donner la sanction de la Faculté au pouvoir antirabique de l'agavé. Pichu est emballé et, sans réussir à me faire partager ses illusions, il a un peu ébranlé mon scepticisme. Pourquoi le Pérou, si riche en médicaments puissants, qui produit le quinquina, la coca, le cubèbe, les baumes, la strychnine, les principes du curare, etc., ne possèderait-il pas aussi le spécifique de la rage ? Il n'est pas absurde de supposer qu'il puisse se rencontrer, dans quelque végétal de ces contrées tropicales, où la chimie des plantes élabore tant d'alcaloïdes puissants, un principe qui neutralise le principe rabique, microbe ou virus, dont les effets sont si effrayants et si funestes.

C'est sur cet espoir de découverte qui doit nous illustrer que nous partons, au trot relevé de nos mules. Ces bêtes semblent avoir conscience de la part de gloire qui rejaillira aussi sur elles et les égalera aux Bucéphales ou aux Tunis de l'histoire. Mais, à mesure que nous approchons, l'enthousiasme que m'a soufflé el señor Pichu s'évapore. Je songe à tant de nobles Paladins, partis jadis pour conquérir la Toison d'Or, et qui n'ont rapporté qu'un modeste astrakan, bon tout au plus pour parer une veste !

A Acobamba, tout le monde est sur les portes pour nous voir passer. On sait où nous allons et on nous désigne spontanément le domicile de la femme enragée. Le Gobernador s'est fait excuser de son absence, il a dû accompagner, ce matin, le préfet de Tarma au Cerro de Pasco. Il est visible qu'on me regarde comme un grand sorcier, comme un émissaire de *Pachacamac*, le Grand Esprit des Indiens. Si je savais seulement faire quelques tours de prestidigitation, comme Verbeck ou Robert Houdin; quelle belle occasion de frapper l'imagination crédule et enfantine de ces populations primitives ! Au lieu du fatras de connaissances qui ne me serviront jamais à rien, si je savais seulement la magie ! J'aurais peut-être la chance, après quelque escamotage réussi, de voir les Indiens ébahis baiser la trace de mes bottes et de pouvoir dire, comme cet empereur romain ou comme Hercule : Je sens que je deviens un Dieu !

Dans la rue où habite la malade, son mari vient au devant de nous d'aussi loin qu'il nous aperçoit. Il me raconte l'accident. Il y a deux mois, dans une rixe d'ivrognes où sa femme et lui recevaient plus de coups qu'ils n'en rendaient, un chien s'est mêlé à la bataille et a mordu sa femme au pied. Le chien a disparu. Un premier accès de rage, survenu peu de jours après, a cédé à l'absorption d'une bouteille de jus de maguey. Mais un nouvel accès vient de se déclarer depuis plusieurs jours et le mal menace d'empirer.

Avec la dignité qui convient à de graves personnages, nous entrons dans l'humble demeure. Une femme, jeune encore, est couchée dans un coin, sur une simple peau de mouton posée par terre. Elle est en proie à un hoquet entrecoupé de nausées. Obligé de mettre un genou en terre pour établir mon diagnostic, je recherche les symptômes de l'hydrophobie. Mais, à mesure que je l'examine et que je l'interroge, mon espoir de découverte s'envole. Adieu les riantes perspectives de célébrité et de gloire, je retombe dans les banalités de la pathologie vulgaire. Il résulte, en effet, de mon examen, que les symptômes pris pour de la rage sont dus à un léger degré de péritonite, consécutive elle-même à une fausse couche récente. Je prescris un traitement approprié et, sans proscrire le jus de maguey, j'en restreins un peu l'usage, et j'exprime en partant l'espoir que l'enragée guérira [1]. Tout le monde est content et je dois, pour ma récompense, avant de remonter en selle, vider un grand verre de *Chicha* [2], la chicha d'honneur. J'avais peur qu'on m'offrît l'honoraire habituel des sorciers guérisseurs : une poule et un cochon d'Inde liés par les pattes !

Nous reprenons, au trot de nos montures, le chemin qui longe le rio Tarma lequel devient plus bas le rio Chanchamayo. De temps en temps nous rencontrons des bandes de petits ânes gris portant chacun deux barils d'*aguardiente*. Hélas ! c'est aussi en ce pays une denrée de grande consommation et une cause de dégénérescence et d'abrutissement. Par tout pays, l'homme,

---

(1) Huit jours après, repassant par Acobamba, nous apprenons que la femme enragée est guérie, et voici comment se forment les préjugés du vulgaire sur l'action curative des médicaments.
(2) Bière de maïs.

l'homme du peuple surtout a donc bien besoin d'oublier, qu'il achète cet oubli au prix de son intelligence et de sa force? La route, assez bonne, est bien plus fréquentée que celle de la Oroya. Toujours, à mesure que nous descendons, la végétation arborescente, ou plutôt arbustive se montre de plus en plus développée. De nombreuses plantes en fleurs bordent le chemin, genêts aux fleurs jaunes d'or, labiée bleue, campanule violette, grande malvacée rose semblable à une bignone, cierges raides, agavés magnifiques formant sur le bord des champs un rempart formidable et un curieux cactus ramifié avec de petits bourgeons roses prêts à s'ouvrir, dont la fleur magnifique, pleine de parfum et d'éclat, s'épanouit seulement le soir et tombe fanée le matin, après une seule nuit d'amour. Et parfois, sur le penchant du Cerro, au milieu des pierres, sans aucune apparence de terre végétale, des plantations de raquettes, un autre cactus qu'on cultive pour ses fades produits, les figues de Barbarie, qu'ici l'on appelle *Tunas*. Mais la crête du Cerro est toujours dénudée et sans arbres.

A gauche, le fond de la vallée, large d'une centaine de mètres à peine, est assez bien cultivé. Çà et là des animaux au pâturage, dans la luzerne jusqu'au ventre. Puis des maisons indiennes tout en terre battue, même le toit disposé en terrasse, et couronnées d'une ligne de créneaux inoffensifs et de gargouilles grossières. Beaucoup de ces maisons percées d'une seule porte, sans aucune fenêtre, ont un air de petite forteresse. Forteresse de quatre sous et qu'un bon coup de pied démolirait. C'est l'architecture d'avant la conquête, l'architecture du temps des Incas. Bref la vallée paraît assez peuplée.

A la nuit nous arrivons à Palca notre gîte d'étape pour ce soir. Figurez-vous un long village étroit, aux maisons rougeâtres en *adobes*, à l'air misérable, aux rues sales, avec une petite place et une pauvre église. Voilà Palca. Nous descendons dans une humble *posada* qu'on nous a indiquée à Tarma et dont le maître parle français. C'est un Belge, donc, savez-vous, un Belge de Gand, un pur flamand qui est au Pérou depuis trente ans. A la suite de quels évènements est-il venu échouer là, dans ce pays perdu ? Quel est le secret de son âme et le mystère de sa vie ? Je me suis bien gardé de le questionner à cet égard, craignant de remuer un passé douloureux, et sachant qu'il y a des blessures que la main la plus douce fait toujours saigner : *vivit sub pectore vulnus.*

Cet homme déjà vieux, qui est un grand chasseur de bêtes de la *montaña*, a jadis beaucoup voyagé et possède une instruction étendue qui jure avec sa condition présente. Marié à une Indienne, il a pour fils un grand flandrin épais dont il se désole de ne pouvoir secouer la torpeur intellectuelle, la torpeur d'un Indien. Il se tient encore un peu au courant des affaires de l'Europe, qu'il n'a plus l'espoir de revoir, au moyen d'un journal illustré anglais. Mon passage est une aubaine pour lui, car il a bien rarement l'occasion de voir des Français, et on voit qu'il est heureux de causer. Aussi nous traite-t-il du mieux qu'il peut, et j'ai gardé meilleur souvenir de sa petite auberge où nous avons dîné passablement, servis par une humble *chola*, et où, dans une sorte de grenier, nous avons dormi dans des draps blancs, que de bien des hôtels somptueux où j'ai été servi par des faquins en habit noir.

1er novembre, Hacienda « Auvergne ».

Lever à cinq heures et demie, départ à six. Le temps toujours beau jusqu'ici, le matin, est changé et nous fait craindre un voyage moins propice. Des brouillards très abondants accrochés de chaque côté de la vallée aux flancs du Cerro, et se déplaçant parfois comme une fumée de locomotive, finissent par se résoudre en pluie fine et serrée. Il faut déployer les *ponchos* de toile cirée.

L'aspect de la vallée continue à peu près le même. Nous parcourons, en sortant de Palca, un tronçon de route neuve, carrossable, chose rarissime au Pérou, avec un bon pont en pierre, mais cela ne dure pas et il faut bientôt gravir la montagne par d'innombrables lacets. La montée est vraiment effrayante et ma jument qui vient de trotter un long bout de chemin, dans le terre-plein récemment construit au fond du val, ne peut monter sans s'arrêter tous les cinq ou six pas. Enfin, suante, à bout de souffle, rendue, elle arrive au sommet de cette pénible ascension, à mi hauteur du Cerro.

Vous est-il jamais arrivé de rêver, en dormant, que vous gravissez une montagne abrupte? Tant bien que mal, en vous aidant des genoux, des mains, le corps penché en avant, vous cramponnant à une aspérité du rocher, à une touffe d'herbes, rampant plutôt que marchant, vous finissez par atteindre le sommet qui, d'en bas, paraissait inaccessible et vous criez victoire. Mais, après avoir, un instant, contemplé l'étendue immense, vous songez à redescendre. C'est là que les difficultés commencent. En présence du gouffre qui s'ouvre devant vous, et auquel en montant vous aviez tourné le dos, ne pouvant plus vous aider de vos mains devenues inutiles et s'agitant dans le vide, de vos genoux qui tremblent sous votre corps, de vos pieds qui ne trouvent plus où se poser, l'œil rempli d'effroi, vous vous sentez pris de vertige, et, invinciblement attiré par l'abîme, vous roulez au fond du précipice et... vous vous réveillez. Ah ! l'affreux cauchemar, dites-vous, en sortant de cette angoisse terrible et en reprenant peu à peu conscience.

C'est quelque chose de semblable que je viens d'éprouver, car, après avoir atteint le point culminant de la montée, il s'agit de redescendre par un chemin encore plus vertigineux. Jamais, semble-t-il, on ne pourra arriver jusqu'en bas, sans faire un plongeon en avant, à droite ou à gauche, car le précipice est partout. Heureusement l'instinct des montures en ces pays est merveilleux, et il n'y a qu'à s'y abandonner. Pour comble de difficulté, le brouillard s'est considérablement épaissi. Il occupe maintenant toute la vallée, de haut en bas, et on ne voit plus le versant de la montagne opposée. Tout semble une vaste mer au fond de laquelle nous descendrions comme des plongeurs à cheval. Si le brouillard nous cache le gouffre, et nous garde ainsi du vertige, il a détrempé le sol du sentier et nous fait craindre des glissades encore pires que le vertige. On ne peut pourtant pas rester là, suspendu sur l'abîme, à attendre le soleil, et nous dévalons à la grâce de Dieu. Devant nous, notre guide exhorte les montures : *Anda mulita, anda con cuidado!*

Enfin la périlleuse descente a pris fin. Nous sommes redescendus presque au niveau du torrent dans un chemin bas relativement meilleur. On respire et l'émotion du danger couru se dissipe. Les magueys deviennent de plus en plus nombreux, de plus en plus beaux. De loin en loin, nous passons devant quelque tambo où des troupes d'ânes, chargés d'eau-de-vie de canne, attendent devant la porte, tandis que de nombreux Indiens, hommes et femmes, assis par terre dans le tambo, oublient la pluie *inter pocula*.

Huacapistana, *posada* isolée et triste, au fond du val, nous apparaît après quatre heures de marche, au milieu d'un merveilleux décor de coupe-bourse ou de coupe-gorge. Grande barraque en planches non jointives, à toit de chaume. Le patron occupe ses loisirs en fabriquant des sièges et vient de terminer deux fauteuils tout en bois rouge. C'est une commande, sans doute, pour quelque hacienda du Chanchamayo, car il ne doit guère y avoir de débouchés pour son industrie, dans une contrée où les indigènes s'asseoient simplement sur leurs talons. C'est là que nous faisons halte pour déjeuner.

Pendant que notre hôtelier se rue en cuisine et prépare le *chupe*, je trouve en faisant le tour de l'habitation, dans une sorte de basse-cour, adossé à un arbre, un enfant qui paraît si absorbé dans la lecture d'un livre qu'il m'entend à peine approcher. Son livre est une grammaire espagnole et il étudie le verbe. Oh! puissance de l'esprit sur la matière! Dans cette solitude sauvage où rien ne sollicite la culture des nobles facultés de l'esprit, j'admire ce zèle studieux, ce besoin de s'instruire, et je trouve piquant de lui faire réciter sa leçon et de mettre, pour un instant, mon esprit en contact avec le sien, dans une sorte de communion spirituelle. Au fond de cette *quebrada* isolée, perdue, il me semblait ressentir en ce moment la sensation intime, profonde, que devaient éprouver, dans le mystère des catacombes, les néophytes chrétiens assis autour de la table des agapes.

Quelques heures encore et nous arriverons au but de notre voyage, chez le Français Jean Monier, propriétaire d'une des plus belles *haciendas* de la région. A Huacapistana, les magueys, les arbustes, les fleurs si nombreuses depuis Palca, nous quittent presque complètement et la grande végétation forestière commence. Mais elle reste limitée d'abord au fond étroit de la vallée.

Nous suivons un chemin des plus pittoresques, taillé en demi-tunnel dans le roc et suspendu littéralement au flanc de la montagne. Dans ce couloir, dans cette rainure, il faut souvent baisser la tête sur le col de la monture, pour ne pas se frapper à la voûte. Le torrent bouillonne à pic à quatre-vingts pieds au-dessous, et le chemin est, en quelques points, si étroit que je ne sais comment on ferait s'il venait des cavaliers ou des bêtes de charge en sens inverse. Figurez-vous une promenade à cheval sur les balcons d'un cinquième étage. Dans les fentes du rocher par où suinte l'humidité, on aperçoit les plantes les plus ravissantes : des bégonias aux feuilles zonées, des labiées écarlates, des légumineuses roses, des fuchsias aux grappes de corail, des orchidées merveilleuses, des scolopendres aux feuilles luisantes, des fougères d'une grâce infinie. Toutes ces plantes que nous cultivons, à grands frais, dans nos serres, viennent ici spontanées et sauvages, car la Nature a mis toutes ses complaisances dans la végétation de ces montagnes.

Notre flore ornementale, si riche, a tiré ses merveilles les plus rares du Pérou. Mais la plupart de ces belles plantes ne sont chez nous que des étrangères, que des créatures délicates qui languissent et meurent au souffle rude de notre plein air, car la mode, dont les caprices s'étendent à toute chose, a presque abandonné l'héliotrope, la belle de nuit, le soleil et quelques autres venues aussi du Pérou, qui supportent la pleine terre et se sont acclimatées en nos jardins.

La montagne est maintenant boisée jusqu'en haut, d'abord par la broussaille vierge formant une inextricable toison d'un vert foncé, puis, à mesure que nous descendons, par les grands arbres eux-mêmes qui remontent jusqu'au sommet. Le sous-bois, dans le fond du ravin et sur le bord du chemin, est formé d'arbustes aux grands feuillages, quelques-uns énormes, luisants, lustrés, vernis, glacés, témoignant d'une sorte de fougue irrésistible de végétation. Oh! les superbes, les magnifiques feuilles, et comme on aurait plaisir à rapporter quelques-uns de ces arbustes pour en faire des plantes d'appartement! Et parfois, à côté de ces splendeurs végétales, l'affreuse carcasse à moitié décharnée d'un cheval ou d'un âne, dont les loups, les renards et les chiens ont déchiqueté les lambeaux. Pauvre bête qui n'a pu aller plus loin et qui s'est affaissée là, sous sa charge, exténuée de fatigue ou de vieillesse! La vue et l'odeur de ces charognes impressionnent et inquiètent nos bêtes, comme si quelque triste pressentiment leur faisait craindre un sort semblable.

Plus bas, dans la vallée moins rétrécie, nous rencontrons quelques maisons, *posadas*, *tambos*, entourées de bananiers (l'arbre nourricier par excellence), chargés de leurs opulents régimes. Il fait une chaleur humide et lourde, comme si un orage se préparait. Admirable pour le bouillonnement de la vie végétale, ce climat où du sol saturé d'humus, monte une buée chaude qui vient se mêler aux effluves électriques apportés par les nuages!

En un point qu'on appelle *Pan de azucar*, la vallée devient grandiose. Les deux flancs, deux immenses parois de roc verticales, se rapprochent formant un étroit défilé où, plus sûrement qu'aux Thermopyles, Léonidas arrêterait toutes les armées du monde. Cette brèche resserrée et profonde, véritable clef de la vallée, livre tout juste passage au torrent qui bondit, écumant, de bloc en bloc, et il a fallu échancrer la roche à même pour y accrocher, sur une étroite corniche, le sentier vertigineux que nous suivons. Si des proscrits, rêvant de grandes destinées, ont jamais passé par ici, ils ont pu redire, sans hyperbole, la fière devise d'Hernani : *ad augusta, per angusta! — angustissima* même ne serait pas trop fort.

Ici l'homme se sent véritablement écrasé par la puissance de ce site grandiose. Même en ajoutant à sa taille celle de sa monture, il n'est qu'un pygmée équestre devant cette nature colossale. Mais là où l'homme est aplati, le végétal se dresse et lutte. Dans un élan admirable, dans une aspiration sublime vers le ciel, les arbres du fond de cette gorge s'élancent verticaux, sans aucune ramification, comme des mâts immenses, à des hauteurs énormes où leur tête va chercher l'air et le soleil qui pénètrent d'en haut seulement, comme au fond d'un puits. — Enfin, comme une ironie amère, à une hauteur inaccessible, sur cette paroi verticale, apparait un puissant banc de charbon, inutilisable richesse, que l'homme du pays, ne pouvant l'atteindre, a déclaré trop vert et bon pour des Anglais. Et, un jour où l'autre, ceux-ci en feront certainement leur profit, dans l'Amazonie de l'avenir.

Le défilé traversé, la vallée s'élargit, les monts inclinent leurs versants et nous rencontrons une première *hacienda de cañas* ou ferme à canne à sucre. Nous entrons dans la vaste et fertile région du Chanchamayo proprement dit. L'hacienda *Alvernia* ou Auvergne est située un peu plus loin, sur la rive gauche du rio Chanchamayo, dans une vallée latérale où coule l'Oxabamba, affluent du Chanchamayo.

Nous mettons pied à terre pour traverser le pont du Naranjal, grand pont suspendu qui se balance d'une inquiétante façon sous nos pieds, et nous remontons la vallée de l'Oxabamba. Le chemin s'enfonce maintenant sous bois et la forêt vierge se montre avec son inextricable fouillis de plantes. Jusqu'à présent, nous n'avons suivi en quelque sorte que les avenues, que le vestibule de la forêt. Nous y sommes en plein maintenant, et nous circulons entre deux parois de verdure impénétrable. Tout près, à quelques mètres à peine, sur notre droite, nous entendons mugir les eaux impétueuses de la rivière, mais on ne la voit pas derrière l'épais rideau qui la cache.

Quoique nous soyons en plein midi, le soleil n'arrive pas à percer le feuillage sous lequel nous marchons. Le jour qui règne là n'est pas le jour, mais une lueur verte, verte et mystérieuse, comme celle qu'on voit à travers des vitraux verts. Je ne vois que du vert. Le sol, le tronc des arbres, mes compagnons eux-mêmes me paraissent verts. C'est une véritable orgie de vert sur la rétine, et si je pouvais porter les yeux sur un nuage blanc, il me semble que je le verrais vert, bien que la physique et la physiologie affirment que je le verrais rouge (couleur complémentaire du vert). On n'a pas idée de ce que cette sensation prolongée pendant des heures a d'étrange et de troublant. Il semble que, de sa vie, on ne verra plus les objets extérieurs que colorés en vert et que l'âme elle-même doit être verte!

Tout à coup, au milieu du murmure confus fait des mille voix de la forêt, s'élèvent des sifflements stridents, sans reprise, soutenus comme un solo de sifflet à vapeur. Surpris, j'interroge le guide qui me répond *el ferrocarril*, señor? — Le chemin de fer? Pas possible qu'il y ait un chemin de fer en pleine forêt vierge. — J'ai su, le soir, qu'il s'agit d'un insecte. Je lui fais mon compliment sur son sifflet que je voudrais bien étudier en naturaliste. Puis parfois, en certains endroits, nous arrivent les bruits étourdissants de bandes d'oiseaux criards qui paraissent se quereller fortement dans la forêt profonde, tandis que par ci par là, sur les hautes branches, comme du haut d'un observatoire, des singes à dos argenté, interrompant leurs cabrioles, nous regardent curieusement passer.

Et, dans l'air lourd et stagnant de la forêt, d'imperceptibles courants nous apportent les étranges senteurs de bêtes musquées, mêlées aux capiteuses fragrances des essences végétales. Indescriptible symphonie faite de la gamme entière de ces odeurs qui sont la mystérieuse émanation de la vie, depuis le musc et l'orchis, parfums troublants des boudoirs, jusqu'aux âcres exhalaisons de l'humus qui fermente sous nos pieds. Bientôt on voudrait fuir cette atmosphère, à la fois délicieuse et empoisonnée, mais elle vous enveloppe et vous pénètre de je ne sais quelle maladive volupté. Heureux encore quand on en est quitte avec la migraine !

Enfin, après plus d'une lieue de chevauchée dans l'ombre verte, nous revenons à la lumière du jour et nous débouchons dans les champs de canne à sucre de l'Auvergne. En quelques minutes, nous sommes devant la maison d'habitation et nous mettons pied à terre sous un grand citronnier. Deux *caballeros* bottés, l'un d'eux en manches de chemise, sont sur le balcon et attendent que nous nous fassions connaître. Je reconnais à première vue don Juan Monier, le maître de céans, à sa figure énergique, à sa grande moustache rousse à la Vercingétorix. J'avais vu hier sa photographie chez le flamand de Palca. Échange de saluts et de présentations. L'autre caballero est un négociant de Huancayo venu pour traiter un marché d'eau de vie. Monier nous accueille le plus cordialement du monde et il fait, à l'instant, servir de la bière. Depuis 1885, il n'est pas passé de Français par là.

Hacienda Auvergne, 1ᵉʳ novembre, minuit.

Je viens de quitter Monier. Intarissable causeur, comme ceux qui ont eu une existence très accidentée, il m'a raconté ce soir après dîner, en prenant le frais sur la grande véranda de l'habitation, l'histoire de sa vie et de son établissement ici, et les heures se sont rapidement écoulées. Avant de m'endormir je note à la course, sur mon journal de voyage, les épisodes principaux de cette histoire d'un homme heureux qui, parti simple Auvergnat de son village, possède aujourd'hui une grande hacienda valant près d'un million, sans compter une créance de 40,000 soles [1] sur le chemin de fer de La Oroya.

---

(1) 200,000 francs.

A la suite de démêlés avec un père trop dur, Monier quitte la France à seize ans et passe en Espagne où, pendant six ans, il travaille aux chemins de fer. Énergique, intelligent, robuste, il gagne à cette rude existence de *chemineau* un petit pécule, d'abord, mais surtout l'expérience des entreprises et l'art de se débrouiller dans la vie. L'Amérique le tente, et il passe au Mexique où il arrondit sa fortune. Il reperd tout dans un coup d'audace. Au moment de l'évacuation du pays par les troupes françaises, il achète, à très bon compte, tous les chevaux de l'armée, espérant les revendre à beaux deniers. Mais, nos troupes à peine embarquées, les chefs de l'armée mexicaine saisissent, comme un butin de guerre, toute cette cavalerie, et Monier, décrété d'accusation, a à peine le temps de s'enfuir au galop pour n'être pas pris et fusillé. Dénué de ressources il vient au Pérou où, sous la présidence de don J. Balta, les grands travaux du chemin de fer du Callao à La Oroya viennent de commencer. Il ne tarde pas à devenir un des entrepreneurs les plus importants, et refait rapidement fortune. Puis, quand les travaux sont interrompus, il se fait défricheur de forêt-vierge et planteur de canne à sucre et crée, ou plutôt développe énormément, l'hacienda Oxabamba à laquelle il donne, ainsi agrandie et renouvelée, le nom de son pays, de cette Auvergne qu'il n'a pas revue depuis son enfance.

L'histoire de la construction de ce prodigieux chemin de fer de La Oroya qui escalade les Andes et dont le point culminant, le tunnel d'Antarangra, atteint 4,568 mètres d'altitude, presque la hauteur du Mont-Blanc, aurait mérité d'être écrite. L'art de l'ingénieur, l'histoire naturelle des montagnes, la physiologie et la médecine en auraient tiré des enseignements curieux et profitables. Malheureusement il n'a rien été publié à ce sujet. Les notes précieuses qu'avait recueillies le savant ingénieur, M. Malinowski, ont été détruites accidentellement pendant un voyage qu'il faisait en Europe. Il n'y a donc plus d'espoir de rien apprendre, à cet égard, d'une plume autorisée.

Un côté de cette histoire m'intéresse spécialement. C'est le côté médical. Toutes les grandes entreprises humaines ont coûté la vie à des milliers d'hommes, et si, au capital « argent », on ajoutait le capital « vie humaine » évalué, comme le veut le Dr Rochard, à dix mille francs pièce, ou même à moitié prix seulement, ce qui paraît suffisant pour ces pays, on arriverait pour le prix de revient de ces grandes œuvres, le canal de Suez, le chemin de fer et le canal de Panama, les chemins de fer transandins, etc., à des sommes encore plus fabuleuses que celles qui ont été indiquées. Mais aucun capital n'est plus scandaleusement, plus cyniquement gaspillé que la vie humaine, et on n'est pas dans l'habitude de l'inscrire au bilan des entreprises.

En ce qui concerne le chemin de fer de La Oroya, on avait à traverser la fameuse région où sévit une maladie, inconnue partout ailleurs, la *verruga peruana*, et, plus haut, dans les grandes altitudes, il fallait affronter le *soroche* ou mal des montagnes, dû à la raréfaction de l'air.

Je demande à Monier de fouiller un peu dans ses souvenirs et de me faire part de ce qu'il a vu. Avec une mémoire très précise, il me raconte alors qu'au chantier du tunnel de la cime il y eut une mortalité énorme parmi les ouvriers, et non seulement parmi les ouvriers indigènes, Indiens et Chiliens employés en grand nombre, mais aussi parmi les Européens. Ces derniers étaient pourtant des ouvriers choisis, maçons, tailleurs de pierres, gagnant 4 soles, soit 20 fr. par jour, ce qui leur permettait de se nourrir convenablement. Au début des travaux on campait sous la tente, au milieu de la neige, et les hommes qui ont succombé avec une rapidité foudroyante en vingt-quatre heures, quarante-huit heures, paraissent avoir eu des pleurésies (?), des pneumonies (?) aggravées par la raréfaction de l'air.

Les soins médicaux éclairés faisaient défaut et les médecins yankees, commissionnés par la Compagnie, étaient peu médecins et surtout ivrognes. W..., l'un d'eux, se faisait, le plus souvent, remplacer par son domestique, un nègre alcoolique, qui distribuait l'arsenic en guise de purgatif salin ! Aussi, l'hôpital de la Compagnie, que par une dérision amère on appelait l'hôpital de l'Espérance, était devenu, à juste titre, un tel objet d'effroi qu'aucun malade ne voulut bientôt s'y laisser transporter. Monier me raconte quelques cas de mort extra-rapide qui paraissent bien dus à des empoisonnements. J'ai trouvé, d'ailleurs, l'écho indigné de cet état de choses dans le premier numéro de la

Gaceta Medica, de Lima, où ce lugubre hôpital, véritable cimetière, est signalé comme étant lui-même une des causes principales de l'énorme mortalité des travailleurs.

Mais on ne mourait pas seulement dans les régions de la cime, on mourait au milieu, on mourait en bas, on mourait sur toute la ligne. Dans le campement inférieur de Cocachacra, région de la Verruga, sévissaient, à côté de celle-ci, une affection typhoïde des plus graves et, malgré l'absence de marais, dans un pays fort sec, des accès pernicieux rattachés par les médecins à la fièvre paludéenne. Enfin, en haut comme en bas, on observait une affection très grave, inconnue jusqu'alors, la fièvre de la Oroya, que les médecins de Lima ont cherché à identifier avec la verruga dont elle serait une forme sans verrues comme, dans nos climats, on voit quelquefois des varioles ou des rougeoles sans éruption. Quant à l'étiologie de la fameuse verruga, attribuée par la croyance populaire à l'eau d'un certain torrent, appelé pour cette raison *agua de Verrugas*, Monier me donne son opinion. Il a eu trois fois la verruga et il ne buvait jamais d'eau !

2 novembre.

La Forêt-Vierge. — Il est difficile de donner, sans une description méthodique et, partant, fastidieuse, une idée de la forêt-vierge. Seuls, un Châteaubriand, un Michelet, en quelques coups de pinceau, pourraient rendre pour le lecteur qui ne l'a pas personnellement ressentie, l'impression profonde, écrasante qui s'en dégage; c'est que la forêt-vierge est un monde et le nombre de ses aspects est considérable. Rendre tout cela en quelques lignes est impossible.

Il faut d'abord voir la forêt en novice, comme on voit pour la première fois, par exemple, l'Océan, et ne chercher que l'impression d'ensemble, celle qui vous saisit tout d'abord et vous émeut. La bonne manière, c'est de regarder et d'admirer en bloc, comme une brute, et non comme un abstracteur de quintessence. Puis, à la longue, l'œil s'habitue et l'esprit analyse. On distingue les arbres, les lianes, les plantes épiphytes, les végétations enchevêtrées, superposées, entrelacées de mille manières, les adaptations multiples de la plante, sa plasticité, les différenciations qu'elle a subies. Toute une vie de botaniste ne suffirait pas pour connaître la forêt-vierge dans ses détails intimes.

On ne peut s'empêcher, d'abord, de remarquer la différence avec les grandes forêts d'Europe, les forêts du Nord, composées de sapins et d'épicéas, majestueuses aussi, mais d'une autre majesté, faite de monotonie et de silence. La nature s'y répète en une même note, indéfiniment reproduite. Toujours des sapins, graves et raides comme des Burgraves, et rien que des sapins. Sous leur ombre froide et ténébreuse, rien, pas de sous bois, pas même de gazon, mais seulement des feuilles mortes.

Dans la forêt tropicale, au contraire, la Nature se livre à une débauche de créations variées, de fantaisies végétales, de variations infinies qui surprennent l'imagination. Comme emportée par un rut que rien ne peut assouvir, sa fécondité juvénile produit, sans se lasser, sans se répéter, des milliers de types divers et, sans doute, elle crée encore, actuellement, des espèces nouvelles. C'est la matrice inépuisable qui enfante à jet continu, et d'où sort, comme d'une source bouillonnante, le grand fleuve de la végétation tropicale.

Ouvrez les yeux de l'esprit maintenant et analysez la forêt. Encore des formes végétales, et encore, et toujours. Toutes les familles sont là dans une profusion inconcevable : dicotylédones, monocotylédones, cryptogames. Qui pourrait seulement énumérer ces espèces que la Nature crée ici sans compter, et qui se pressent, s'élancent, s'escaladent, s'étouffent au grand banquet de la vie? Chacune veut avoir sa part de soleil. Mais, seules, les mieux armées, les plus aptes y parviennent et s'élancent, d'un seul jet, à des centaines de pieds, vers ce soleil, le grand foyer dont la chaleur et la lumière élaborent la sève, sang de la plante. Celles qui ne peuvent pas par la force, y arrivent par la souplesse, en se cramponnant aux plus fortes, en s'élançant de branche en branche comme d'immenses cordages, en s'insinuant, par les moindres interstices, vers la bienfaisante lumière. C'est une mêlée indescriptible, un fouillis grandiose et terrible. Et en bas, la tourbe des espèces qui n'ont que les reliefs du festin : les broussailles étranges, les fougères arborescentes, les mousses, les innombrables cryptogames innommées et sans feuilles, sans chlorophylle, qui vivent, loin du soleil, comme sur une couche chaude, au sein de l'humus séculaire formé de tous les débris de ces géants.

L'homme est petit et faible, oh ! combien petit et combien faible ! en présence de cet invincible débordement de vie végétale. Traverser une portion, même restreinte, de forêt vierge, quand on ne suit pas un sentier fréquenté, ou qu'on ne descend pas en radeau une rivière, est une entreprise ardue qu'on ne peut exécuter seul, et où plus d'un explorateur a succombé. Les Indiens eux-mêmes, malgré leur merveilleux instinct d'orientation, ne s'aventurent pas volontiers dans les forêts qu'ils ne connaissent pas. Comme on ne voit pas le ciel, on ne peut se diriger qu'à la boussole. Pour avancer, il faut faire une trouée, véritable travail de bûcheron, abattant à droite et à gauche, avec le *machete* (sorte de grand coutelas ou de sabre) les broussailles, les lianes qui forment une muraille impénétrable. Ainsi qu'un termite dans sa galerie, on n'avance donc qu'avec une extrême lenteur (quelques kilomètres à peine par jour), et au prix des plus rudes fatigues. Vous qui me lisez, n'ayez jamais à faire une trouée dans la forêt vierge !

Dans les clairières, sur le bord des sentiers, sur les rives des cours d'eau, sur les lisières, là où tombe un peu de soleil, tamisé par la haute verdure des grands arbres; la végétation des plantes herbacées, aux fleurs magnifiques et délicates, des arbrisseaux, des arbustes aux feuilles glacées, vernies, éclatantes, étale toutes ses opulences et ses splendeurs : c'est comme une exposition incomparable d'horticulture. C'est la grande fête des fleurs : Bégonias, Calcéolaires, Fuchsias, Cannas, Bouvardias, Buddléias, Ficus, Orchidées merveilleuses. Il faudrait citer toutes les plus belles plantes de nos serres. Le grand soleil les dessèche, l'obscurité les étiole. A ces belles des belles, il faut le demi-jour discret des beautés à la mode.

Et les animaux de la forêt — *stabula alta ferarum* — qui les dénombrera ? Les tribus arboricoles des singes balancés aux plus hautes branches, les pumas ou lions d'Amérique (jaguar), le tapir massif ou *gran bestia*, le grand fourmilier ou *Tamandua*, les

Pécaris, etc.; et les oiseaux plus éclatants encore que les fleurs, aux plumages invraisemblables de richesse, les oiseaux-mouches, pierreries vivantes, les toucans, les perroquets, ces autres singes, etc., etc.. et les reptiles, depuis l'énorme boa, représentant attardé des vieilles faunes anté-diluviennes, jusqu'au serpent corail qui blottit, dans la corolle des fleurs, sa très venimeuse petitesse; et les insectes, tout un monde en partie inexploré?

Mais je m'arrête, car je serais plus tôt fatigué d'écrire que la forêt de fournir de la matière, et Dieu lui-même se perdrait dans le grouillement indescriptible et monstrueux de formes vivantes que fait éclore ici son soleil, créateur universel des grandes forces terrestres : la lumière, la chaleur et la vie !

Encore un détail pourtant sur cet inépuisable Royaume du Merveilleux. Ce soir, rentrant un peu tard à l'hacienda, nous avons eu la sensation de la forêt la nuit. Là, dans une obscurité terrifiante que ponctuent et sillonnent, sans l'éclairer, des myriades de petites lueurs phosphorescentes qui s'éteignent et se rallument des centaines de fois en un instant, je me croyais victime d'une hallucination de la vue en assistant à cette farandole de mouches de feu, à ce ballet léger d'étincelles vivantes, plus surprenant encore que la phosphorescence des noctiluques de la mer. Ces pulsations lumineuses, ces impalpables gouttelettes de lumière sont les signaux d'amour que se font, dans la nuit sombre, d'imperceptibles bestioles ailées qui se cherchent, comme la lampe d'Héro guidait Léandre sur les flots noirs de l'Hellespont.

3 novembre, La Merced, Bellavista.

L'aimable don Juan Monier a voulu nous conduire chez un de ses amis, M. Prugue, grand planteur de café qui habite, comme une sentinelle avancée, tout à fait sur la frontière du Pérou civilisé et des territoires sauvages, dans le voisinage du fameux *Cerro de la Sal*, l'hacienda de Bellavista. De l'Alvernia à Bellavista, en passant par La Merced, le chef-lieu du Chanchamayo, vingt-cinq kilomètres de forêt vierge et de pampa, entremêlés de cultures de cannes, de coton, de café. Nous faisons cette étape en une matinée, et tombons à l'improviste chez M. Prugue qui nous reçoit à bras ouverts. Il n'a pas vu de Français de France depuis cinq ans. Aussi est-ce une fête pour lui, et

Mᵐᵉ Prugue nous sert un déjeuner à la française, inattendu pour moi en ces pays, et dont mon estomac lui sera éternellement reconnaissant. Cela m'a reposé du *Mondongo* (1) et du riz insipide de la Cordillère.

Chemin faisant, nous avions à diverses reprises aperçu de loin, au delà du fleuve qui sert de limite aux territoires sauvages, de petits groupes de *chunchos* authentiques, vêtus de la *cusma*, longue chemise noire en coton qu'ils tissent eux-mêmes, occupés à pêcher dans le fleuve. A Bellavista, M. Prugue a recueilli, depuis plusieurs mois, un de ces chunchos, enfant d'une dizaine d'années, qu'il essaie en vain de frotter de civilisation. C'est une sorte de petit faune très laid, dont la sauvagerie est extrême, et qui s'est allé cacher dans un fourré de caféiers, dès qu'il nous a vu arriver. On a pu pourtant, vers la fin de notre visite, le rattraper pour nous le montrer. Le *pobrecito* est excusable de voir des ennemis dans tous ceux qu'il ne connaît pas, car il a déjà pu expérimenter, dans sa propre race, que l'homme n'est qu'un loup pour l'homme. On nous raconte, en effet, que

---

(1) Ragoût de tripes de mouton.

les hommes de sa tribu ont étranglé sa mère comme jeteuse de sorts et qu'on l'avait lui-même attaché à un arbre pour faire périr de faim ou manger par les jaguars une si mauvaise graine. Des colons l'ont délivré par hasard. Mais, s'il finit par s'apprivoiser, je doute qu'il oublie complètement ses instincts héréditaires d'homme des bois.

C'est, en effet, une entreprise chimérique de vouloir civiliser les sauvages, et les États-Unis ont probablement employé le meilleur moyen qui est, sinon de les supprimer, du moins de les enfermer dans des territoires d'où ils ne tarderont pas à disparaître, par voie d'extinction. Ce sera l'affaire d'une ou deux générations. Quels résultats, en effet, ont donnés les missions créées dans les territoires indiens de l'Amérique du sud par les *Descalzos* d'Ocopa, par les Franciscains et autres ordres ? Aucun, et ces missions, aujourd'hui abandonnées, n'ont laissé, là où elles furent établies, que des traces inappréciables de civilisation.

C'est que ce n'est pas en quelques années, en un siècle même, qu'on peut amener à une civilisation, même rudimentaire, des tribus absolument sauvages. Quel temps a-t-il fallu pour que les hommes de l'âge de la pierre taillée, puis de la pierre polie, arrivassent aux âges du bronze et du fer, et enfin à la civilisation indo-européenne ? des milliers et des milliers d'années. Et on voudrait aujourd'hui, brûlant toutes ces étapes lentement parcourues par l'humanité, faire parvenir d'un seul bond, c'est-à-dire en quelque centaine d'années, d'obscurs sauvages, à peine supérieurs à la brute, au degré de culture intellectuelle et morale que nous avons atteint ? Autant labourer sur les flots et l'évènement l'a bien prouvé.

Quelle idée se fait-on donc de l'évolution intellectuelle et morale de l'homme, c'est-à-dire du développement même de la civilisation ? Quelle idée se fait-on de l'hérédité, de l'acquisition et de la fixation de caractères nouveaux par une espèce zoologique (fût-elle celle de l'*Homo sapiens*), pour croire à la possibilité d'une pareille entreprise ?

On oublie donc que l'homme n'est qu'un animal [1], le plus perfectible de tous, je le

---

[1] Homme, mammifère doué de raison et du langage articulé; à station verticale, présentant des mains et des pieds à plante large et orteils courts. (Claus. *Traité de zoologie*).

veux bien, mais un animal. Ajoutez à cela la différence de race devant impliquer forcément, à côté des différences physiques si évidentes entre la race blanche et la race rouge, des différences psychiques intellectuelles et morales.

Les Indiens des versants pacifiques de l'Amérique du Sud et ceux des plateaux, sont certainement civilisés depuis des milliers d'années. Le grand nombre de monuments appartenant à l'époque pré-incasique qu'on rencontre en certains lieux ne laisse aucun doute à cet égard. Mais, pour donner un exemple de l'influence que peut avoir la différence de race et d'organisation cérébrale sur les phénomènes de la civilisation, il me suffira de signaler ce fait que les peuples anciens de l'Amérique, même au temps de la civilisation relativement élevée des Incas, n'ont pas su trouver l'écriture.

Si, au temps de la conquête, il a été relativement facile d'amener les *cholos*, en apparence du moins, de leur civilisation et de leur religion à celles des conquérants, il n'y a là qu'un phénomène historique, maintes fois vérifié, de l'acceptation par un peuple déjà civilisé, les Gaulois par exemple, d'une civilisation plus raffinée comme celle du peuple romain.

Cette assimilation de l'Indien de la Costa et de la Sierra pour laquelle cependant on ne fait rien, s'accentuera peu à peu, de plus en plus.

Au contact des Indiens de la Sierra, à l'entrée des grands territoires de la forêt vierge et de la Pampa, est une première zône d'Indiens *mansos*, c'est-à-dire inoffensifs, vivant de la vie entièrement sauvage, mais entrant quelquefois en contact avec les Indiens civilisés pour l'échange de leurs produits. Ils représentent une phase moins élevée d'évolution civilisatrice et, dans quelques siècles, ils seront peut-être arrivés à un degré analogue à celui où les Espagnols ont trouvé les sujets des Incas. Ils seront mûrs alors pour une annexion complète au Pérou civilisé. Mais, pour le moment, ils sont encore parfaitement et classiquement sauvages. Ce sont ces Indiens-là que les missions catholiques ont eu la prétention de convertir et de civiliser. Elles les ont, tout au plus, apprivoisés pour un temps.

Au delà d'eux sont les Indiens *bravos* ou féroces dont les tribus les plus lointaines sont livrées aux pratiques de l'anthropophagie. De proche en proche, par une sorte de lente contagion, ces tribus elles-mêmes, si elles ne disparaissent pas, ce qui est le plus probable, entreront dans le mouvement et, comme une marée montante, la civilisation recouvrira alors le continent entier de l'Amérique du Sud. Mais ce mouvement civilisateur aura le caractère de tous les grands faits de l'histoire naturelle, une évolution essentiellement lente.

Aujourd'hui, dans notre siècle de la vapeur et de l'électricité, où, chaque matin, nous assistons à l'éclosion d'un progrès nouveau, nous oublions trop que, dans l'ordre de la nature, le progrès est fonction du temps, d'un temps que souvent nous ne pouvons pas mesurer et qui se chiffre par milliers d'années. Il n'est donc pas moins vrai de répéter, à propos de la civilisation, ce que Linné a dit à propos de la nature : la civilisation ne fait pas de sauts. Aussi, on peut affirmer qu'avant d'être vraiment civilisées, ces races auront péri dans la lutte pour l'existence. Elles sont condamnées et il n'y a dès lors qu'à les abandonner à leurs fatales destinées.

Lima, 15 novembre, minuit.

J'ai vécu ce soir un des moments les plus heureux de ma vie, et j'ai ressenti une des plus douces émotions qu'il soit donné à un homme d'éprouver.

A peine descendu de la Cordillère, après d'émouvantes péripéties dont le récit m'entraînerait trop loin et n'intéresserait peut-être que moi seul (déraillement à Chicla, traversée dans un *huaro* ou bac aérien, à 200 pieds en l'air, de la quebrada de Verrugas, etc.), j'ai été convié pour ce soir, par une délégation de l'Académie et de la Faculté de médecine, à un grand banquet qui m'est offert par les membres de ces deux savantes compagnies. Tout ce que le corps médical de Lima compte d'hommes distingués a tenu à s'associer à cette manifestation, à laquelle le gouvernement est représenté par l'éminent Dr Rosas, président du Sénat.

Le banquet était servi avec un luxe royal et la chère était exquise. Le *chef* de l'hôtel Maury a voulu se surpasser. Suivant l'usage dangereux et charmant de l'Amérique du Sud, chacun des convives porte ma santé à son tour, en m'invitant à boire une *copa*; mais le nombre des convives est tel que je me contente de tremper seulement mes lèvres dans le verre, pour n'y pas laisser submerger ma raison dont j'aurai besoin tout à l'heure.

A l'heure des toasts, le président de l'Académie, Dr Romero, le doyen de la Faculté, Dr Villar, le président du Sénat, Dr Rosas, l'éminent secrétaire perpétuel, Dr Ulloa [1], qui a consacré à la défense de la liberté, aux progrès de la science, au bien de l'humanité, des qualités merveilleuses, plusieurs autres encore m'adressent dans cette belle langue castillane, si sonore et si oratoire, des paroles qui m'ont étrangement ému et dont je me sentais grisé, bien plus encore que des fumées des trop nombreuses *copas* que j'ai dû boire.

---

[1] Mort depuis et à qui le Pérou a fait des funérailles nationales.

Ils m'ont parlé de la France, de Paris, où la plupart d'entre eux ont fait leurs études, des vieux maîtres disparus, Trousseau, Nélaton, Bouillaud, dont ils furent les élèves, des maîtres nouveaux, Pasteur, Charcot, Bouchard, dont ils suivent pleins d'enthousiasme les découvertes, avec des mots partis du cœur qui m'ont profondément touché. La France a là de bien bons amis qui, malgré tout, lui restent fidèles. On n'imagine pas ce qu'a de délicieux cet éloge de son pays et de ses compatriotes entendu à 2,000 lieues de la patrie. Ils m'ont parlé de moi aussi, de ma mission dans la Cordillère, des résultats qu'ils entrevoient à la suite des faits que j'ai découverts, et j'avais la faiblesse (*homo sum*) de trouver leurs paroles plus douces que le miel. Il me semblait voir se lever devant moi ces premiers rayons, cette aube naissante de gloire qui, sans doute, ne deviendra jamais le jour, mais dont les vagues lueurs, même quand elles n'ont éclairé son obscurité qu'une minute et que dans l'enceinte étroite d'une salle de banquet, ont pour le cœur de l'homme l'infinie douceur d'une aurore.....

J'ai répondu, et, maintenant que l'excitation est passée et la verve refroidie, je ne me rappelle plus ce que j'ai dit. Mais je n'ai eu, à mon tour, qu'à laisser déborder mon cœur, tant il était plein de gratitude envers tous pour l'accueil si sympathique et si flatteur qui m'a été fait. Que le Pérou tout entier reçoive ici l'expression de ma reconnaissance. Si je ne sais plus ce que j'ai dit, je sais bien que j'ai dit ce qu'il fallait. Cela me suffit et, d'ailleurs, j'en retrouverai peut-être demain le résumé dans un journal. Je vais me coucher, en attendant, et je sens que je vais faire de beaux rêves. Ah! si je pouvais dormir longtemps, bien longtemps ! . . . .

A bord du *Bolivia*, 20 novembre.

Avec cette langueur attristée des grandes séparations, avec cet étrange état d'âme où le regret sincère de quitter pour toujours des pays, des amis qu'on ne reverra plus, se mêle au plaisir, entrevu déjà, quoique lointain, de revoir son propre pays, sa famille, son chez-soi; avec ce je ne sais quoi de troublant qui atteint le cœur, chaque fois qu'on déchire du journal de sa vie une page qui n'aura pas de lendemain, je viens de quitter Lima et ce Pérou où j'ai mené, quelques mois, une existence à la fois pénible et douce, et j'ai pris passage pour le Nord sur le steamer anglais *Bolivia*.

.

21 novembre.

Me voici de nouveau sur cette grande Mer Pacifique. De nouveau je retombe dans cette oisiveté lourde du bord, plus engourdissante pour l'esprit que les fumées de l'opium. Je revois le défilé des sables arides de la côte, brûlés par le soleil et moutonnés par le vent, le calme somnolent de la mer, l'azur implacable du ciel. Et de la terre, de la mer et du ciel, il sort une tristesse infinie, un ennui profond, amplifié de toute l'immensité de l'espace, de tout le vide des heures inertes. Que faire dans cette mélancolie ambiante qu'augmentent encore, plus qu'ils ne la dissipent, quelque conversation de hasard, ou le rythme monotone, entendu parfois à l'avant, de la morne chanson des Sondeurs ? Du matin trop tôt venu, jusqu'au soir trop long à venir, la vie n'est plus qu'un long bâillement ¡¡¡ Aaaaa !!! Pardon ! Je bâille en écrivant ces lignes, et voici que vous bâillez aussi en les lisant.. . . . .

Guayaquil, 25 novembre.

A mon premier passage nous étions arrivés à Guayaquil la nuit, et je n'avais pu voir le magnifique paysage qui se déroule depuis l'embouchure du Guayas jusqu'à Guayaquil et plus haut encore. Cette fois, il nous faut passer la nuit en face de l'île de Punà, attendant que la marée haute nous permette de franchir la barre, grand banc de sable qui ferme l'entrée du fleuve, et nous arriverons à Guayaquil au matin.

A l'aube, la mer étale nous soulève, et guidés par le *practico* [1] important personnage que nous avons pris à Payta, nous entrons dans le Guayas. Les mouettes rieuses,

---

(1) Pilote.

toutes blanches avec des ailes noires, nous ont quittés. Il leur faut les flots amers de l'Océan. De grands oiseaux d'un gris roux, avec un très long bec, à l'aspect triste et famélique, rasent l'eau et décrivent de grands cercles. Infatigables tournoyeurs, ils tournoient et tournoient sans cesse à la surface du fleuve, jusqu'à ce qu'ils s'abattent tout à coup, comme un trait qui tombe, sur quelque poisson hypnotisé par leur vol. Mais la proie est maigre, la faim inassouvie. Triste emblème des travailleurs de la mer, des pauvres pêcheurs que talonne la misère, ils reprennent aussitôt, d'une aile infatigable, leur vol tournoyant d'oiseaux de proie. On ne les voit jamais se poser gracieusement sur les vagues, comme les mouettes familières et flaneuses facilement repues des débris rejetés des navires, qui, sans faire un mouvement, sans nager, se tiennent longtemps immobiles, bercées seulement sur les flots comme les alycons des poètes, et savourant, en paix avec leur estomac, les hautes voluptés du *far niente*.

Devant nous, tranquille et majestueux, le Guayas déroule ses flots jaunes, sous la lumière rosée du matin. Son aspect est véritablement grandiose, et si les géographes me disent que bien des fleuves au monde le dépassent en importance, j'affirme qu'il est, en noblesse et en grandeur pittoresque, l'égal des mieux partagés à cet égard. N'essayez pas de me dire que son cours n'atteint même pas cent kilomètres, qu'aucun peuple puissant ou historique ne s'abreuve de ses eaux, et que les petits enfants qui vont à l'école n'apprennent même pas son nom. Que m'importent ces vaines critiques, au moment où je jouis du magnifique spectacle qu'il étale sous mes yeux ?

Sans doute il n'est ni le Gange, le fleuve-dieu, ni l'Amazone, le fleuve-roi, ni le Nil, ni le Mississipi et autres princes des eaux, mais il n'est l'imitation d'aucun autre, il possède une originalité superbe, et qui l'a vu ne l'oublie pas. Malgré la brièveté de son cours, malgré l'obscurité de son nom, il mérite un rang distingué dans la hiérarchie des fleuves, et comme le vieux Ruy Gomez redressant sa taille, il pourrait dire qu'il touche, dans cette hiérarchie,

Du pied à tous les ducs, du front à tous les rois !

Ses deux rives basses, à demi immergées

et indistinctes, sont couvertes d'une forêt de palétuviers, dont le feuillage réjouit l'œil, après la désolation des côtes désertiques du Pérou. On sent qu'ici l'eau ne manque pas, qu'elle surabonde plutôt, et qu'on a quitté le pays où il ne pleut jamais.

A la saison des crues, le bas-fleuve prend une ampleur énorme. Véritable mer d'eau douce, alimentée par la fonte des neiges et les orages quotidiens, il charrie des îlots flottants, lambeaux de prairie ou de forêt vierge, arrachés à ses rives et qui vont se perdre dans la haute mer, jusqu'au jour où le seuil de l'estuaire, lentement exhaussé par le sable arraché grain à grain à la Cordillère, les arrêtera pour en faire un Delta, une île naissante formée, comme un manteau d'Arlequin, de pièces et d'épaves de toute espèce.

Sous leurs hautes racines, en partie aériennes et soutenant leur tronc, comme des cordages puissants, les palétuviers du rivage abritent d'innombrables caïmans, dernier reste des amphibies d'un autre âge. Ici, en effet, la Nature est restée jeune et fougueuse, sinon raffinée, dans toutes ses créations, et elle y façonne les plantes, les animaux et le sol lui-même en des moules depuis longtemps disparus de notre vieille Europe. Tout, ici, nous surprend : la chaleur et l'humidité du climat, l'abondance et le régime des eaux, l'exubérance et la continuité d'une végétation à caractère préhistorique, et la survivance des grands Sauriens inconnus aujourd'hui dans notre faune rabougrie.

Voyager en ce pays, c'est véritablement remonter, dans l'histoire de la Terre, de plusieurs millions d'années en arrière. C'est revoir, avec les yeux du corps, les paysages, à peine entrevus par l'esprit, des époques géologiques primitives.

A mesure que nous approchons de Guayaquil, les rives se relèvent un peu, et cessent d'être submergées par la marée et par les crues de l'hivernage. La prairie remplace la forêt marécageuse, et on voit, à droite et à gauche, quelques *haciendas* de bétail, celle de l'ancien président Caamaño, par exemple, avec son pavillon vert sur le bord de l'eau. Dans ces *potreros*, des bœufs, des mules, des chevaux paissent en liberté, au milieu de l'herbe qui foisonne. Plus haut enfin, en amont de Guayaquil, les haciendas plus nombreuses continuent jusqu'à Bodegas et même jusqu'aux premiers contreforts de la Sierra. Elles sont consacrées à la culture du cacaoyer et fournissent le cacao *de arriba* beaucoup plus estimé que celui de la *Costa*.

Le fleuve presque droit ou aux courbes à grand rayon, à l'eau tranquille et sans vagues, malgré un courant parfois très fort, se développe entre ses deux rives tantôt boisées, tantôt herbeuses, comme une avenue gigantesque, comme l'allée majestueuse d'un parc immense. Au delà des rives, par dessus le rideau vert des mangliers ou les ondulations de la prairie, on aperçoit, dans le lointain lumineux, les bosses que forment sur la vaste plaine quelques cerros couverts de végétation, contreforts isolés de la Cordillère, derniers vestiges, dernier spasme affaibli d'une série de convulsions terribles qui, à quelque centaine de kilomètres, ont soulevé l'écorce du globe en une immense crête, échine puissante du continent américain, où culminent, comme des apophyses, toute une suite de pics superbes, depuis le Chimborazo, le majestueux roi des neiges, jusqu'au Pichincha au double cratère toujours fumant.

Par ci, par là, sur l'une et l'autre rive,

comme pour donner à ce paysage une dernière touche d'exotisme, apparaissent entre les hautes herbes, des groupes de paillottes, villages indiens dont les cabanes aux parois de bambous, au toit de roseaux ou de palmes, sont perchées sur quatre piquets, comme sur des échasses et rappellent, vus de loin, des poulaillers rustiques. Quand la plaine est inondée, les villages émergent du milieu des eaux, comme les habitations lacustres des premiers âges de l'humanité.

Enfin Guayaquil apparait, assise sur le bord du fleuve, baignant dans l'eau ses pieds non de pierre, comme dit le poète, mais de bois. Son *malecon* développe sa faible courbe sur une longueur de deux kilomètres et, avec les inégales arcades de sa façade, il semble, vu du large, une rue de Rivoli primitive transplantée dans un paysage des tropiques. Une demi douzaine de clochers blancs dominent la ville, et, par dessus quelques maisons plus basses, on aperçoit, verdoyants et baignés dans l'éclatante lumière, les panaches inclinés et comme pensifs des grands cocotiers, ou la tête arrondie des papayers aux fruits énormes, bordant d'un feston vert les toits rougeâtres des maisons peintes.

En arrière plan, une petite chaîne de petits cerros, plus ou moins couronnée d'artillerie, ferme la plaine. Cette citadelle naturelle domine la ville et le fleuve qu'elle protège ou... qu'elle menace, suivant la fortune des révolutions, tandis que sur l'autre rive, au fond, tout au fond de l'horizon, par dessus les plaines et les bois qui se relèvent par degrés, la Cordillère dessine sur l'azur du ciel sa silhouette imposante et sévère dont les sommets couverts de neige étincellent au soleil comme des phares. Et, tout au bout de la chaîne, bien loin vers le nord, dressant dans la solitude son profil superbe et pur, apparaît le roi des Andes, le Chimborazo

serein, dominant tout,
Seul, le jour dans l'azur, et la nuit dans les astres.

Pendant que je repais mes yeux de la beauté grandiose de ces paysages, on a jeté l'ancre au beau milieu de la rade, l'absence de quais verticaux et aussi de profondeur ne permettant pas d'approcher du bord. La capitainie et la santé montent à bord et, après quelques formalités paperassières, on nous délivre patente nette, et les passagers peuvent descendre à terre. Un essaim de barques se sont groupées autour des flancs du *Bolivia* attendant chacune l'aubaine d'un passager à transporter. Je saute dans l'une d'elles, et deux robustes rameurs me débarquent en dix minutes au ponton de la douane.

Quel merveilleux finisseur de tableaux que l'éloignement! Quelles savantes retouches apportent aux paysages, même à ceux du grand artiste qu'on appelle la Nature, la perspective et le recul! Tout ce panorama qui, vu du large, semblait, tout à l'heure, si heureusement fondu dans un harmonieux ensemble, se disloque peu à peu et perd son charme, à mesure que nous approchons, que nous traversons la ligne des petites embarcations de toute espèce, *canoas, balsas,* pirogues, *lanchas,* radeaux de troncs d'arbre qui longent le bord même du quai. Cependant, si l'impression de grandeur disparaît dans la foule des détails grossiers et disparates, dont le relief s'accuse au détriment de l'ensemble, il reste encore assez de pittoresque et de couleur locale pour défrayer un simple touriste comme moi, qui ne fait que regarder et qui passe.

Tous les voyageurs ont décrit les quais de

Guayaquil, avec leurs arcades où se presse une foule affairée, leurs vastes maisons de bois aux façades trompeusement peintes en pseudo-granit ou en simili-marbre, leurs fenêtres remplacées par des jalousies laissant, nuit et jour, entrer un air toujours chaud, leurs déballages de fruits des tropiques apportés par les balsas et mêlés aux produits d'Europe ou des États-Unis. On a dit l'indolence des belles Guayaquileñas continuellement bercées dans leur hamac et se levant, pour aller à la messe, à l'heure où les Parisiennes ne sont pas encore couchées, l'insupportable chaleur de l'été, la suffocante et orageuse chaleur de la saison des pluies, les dangers de ce climat, patrie de la fièvre jaune et de la malaria, qui font chaque année d'innombrables victimes. Je ne m'attarderai pas, de nouveau, dans des descriptions devenues banales.

Le caractère commercial de Guayaquil éclate bien dès qu'on a mis le pied sur le quai où l'animation est très grande. Sous les arcades de la longue file de maisons qui se développe en façade, on ne voit que bazars, magasins (un d'eux a déjà pris pour enseigne *a la Torre de Eiffel*), entrepôts, comptoirs, banques, agences de navigation, consulats. Des commis, en manches de chémise, déballent les arrivages d'Europe et des Etats-Unis — assortiments et pacotilles de tous les produits possibles de l'industrie des deux mondes. — D'autres réemballent ces mêmes produits en ballots plus petits, pouvant être chargés sur des mules, pour les réexpédier sur Quito et les villes de l'intérieur. Tout ce qui entre dans l'Ecuador transite par Guayaquil. Des nègres au torse nu, à peine vêtus du plus rudimentaire inexpressible, des Indiens flegmatiques déchargent et rechargent tous ces ballots, avec accompagnement de jurons pittoresques et variés.

J'allais oublier le cacao, le grand produit d'exportation de l'Equateur en Europe. Dans quelques rues peu fréquentées, on voit souvent la chaussée occupée, dans toute sa largeur, par de grandes toiles sur lesquelles on étale au soleil la précieuse graine. Ailleurs, c'est dans de vastes *patios* que se fait le séchage. Puis des nègres trient et retrient, suivant grosseur et qualité, l'amande parfumée qui est ensuite mise en sacs. Tout s'en va, il ne reste pour la consommation des

Guayaquileños que les criblures, tout comme au vignoble de Château Lafite on ne boit que de la piquette.

Guayaquil est donc une cité active. Par le mouvement des affaires, l'intensité de la vie intellectuelle (il y a plusieurs journaux, des cercles, etc.) par la facilité des communications maritimes qui la relient au monde entier, Guayaquil est la véritable capitale de l'Equateur dont Quito, accrochée au sommet d'un volcan, à 3,000 mètres d'altitude, dans la Cordillère, n'est que la capitale nominale, comme La Haye, par exemple, par rapport à Amsterdam. Guayaquil est la ruche vivante et bourdonnante, Quito, sorte de grand couvent du XVIᵉ siècle attardé jusqu'à notre époque, momifiée dans des coutumes et des traditions d'un autre âge, présente l'immobilité d'un sépulcre.

Tout ce pays, d'ailleurs, est un curieux amalgame de contradictions de toutes sortes. Ici le contraste est partout, dans le sol et le climat, dans les mœurs et le caractère des habitants.

— Si vous voulez débarquer ici et y faire séjour, me dit un de mes compagnons du

Bolivia, tous vos livres devront être examinés par l'évêque qui a le droit de retenir ceux qui ne lui paraissent pas orthodoxes.

— Et a-t-il aussi le droit de les faire brûler par le bourreau?

— Non, il vous les rendra à votre départ, après les avoir mis en quarantaine.

Dans quel passé lointain faudrait-il remonter pour retrouver en France un pareil pouvoir attribué à l'autorité ecclésiastique? Ici, l'excommunication se pratique couramment, et c'est une arme qui n'est pas émoussée comme en Europe. D'affreux bandits, capables de tous les crimes, reculent souvent devant une sentence d'excommunication qui n'a pourtant aucune sanction civile. Le mysticisme religieux du Moyen Age est resté ici dans toute sa force. Aussi, toutes les cérémonies catholiques y prennent un développement, une intensité que nous ne soupçonnons plus. Je n'ai pas besoin de dire qu'elles ont dégénéré souvent en parades grotesques. D'une église à l'autre, il y a des concurrences étranges de Madones, et une fois par an, à Quito, la sainte Vierge d'un certain couvent sort en procession en habit de colonel, l'épée au côté, le tricorne en bataille!

La crédulité des fidèles n'ayant pas de limites, le clergé (surtout régulier) se permet littéralement tout. Les évêques voudraient souvent mettre un frein à tant de licence de la part des moines; ils n'y peuvent arriver, et il n'y a pas longtemps qu'un archevêque réformateur (Mgr Checa, archevêque de Quito) tombait foudroyé au pied de l'autel, en vidant le calice de la messe où une main sacrilège, restée inconnue, avait versé de la strychnine!

Peu de temps avant, le Président Garcia Moreno (curieuse et terrible figure du Moyen Age égarée en notre siècle) était tombé assassiné en pleine place publique par ses ennemis politiques qui, comme des bêtes fauves, s'acharnèrent sur son cadavre. On comprendrait de pareils excès sur les bords du Guayas où les cerveaux, surchauffés par un soleil torride, sont sans cesse sur le point d'éclater, mais à Quito, la ville oisive et calme, bercée doucement par la brise de son printemps perpétuel, cela semble impossible, si ce pays tout entier n'était la terre des plus violents contrastes.

L'Européen qui vient vivre ici, sans avoir été prévenu, est tellement surpris par le mélange de tant de faits et d'opinions contradictoires dans la vie quotidienne de ce peuple, qu'il ne peut s'empêcher de croire qu'il s'y mêle aussi un grain de folie. La civilisation la plus raffinée y fraternise avec la barbarie du Moyen Age, l'immuabilité de la religion avec l'instabilité et l'incohérence de la politique, l'indolence des habitants de l'intérieur avec l'activité du commerçant de Guayaquil, la poste à dos de mulets avec le téléphone dans toutes les maisons, etc., etc. Au demeurant, peuple absurde et charmant qui a les défauts de sa jeunesse et qui, le jour où l'affaiblissement de l'élément théocratique (trop faible maintenant pour imposer sa volonté, trop fort encore pour renoncer à la lutte) permettra au pouvoir civil de se constituer solidement, renoncera peut-être à sa politique de volcan en éruption.

* * *

Promenades dans les divers quartiers de la ville pour en étudier la topographie médicale. —Guayaquil est venue trop tôt dans un monde géologique trop jeune. Dans quelques milliers d'années, sur ce même sol, lentement exhaussé par le travail des siècles [1], elle eût assis des fondations plus solides sur un sol plus salubre. Mais, aujourd'hui, elle est accroupie dans un marais qui l'infecte et qui la décime. Si, à première vue, le sol de son Malecon et des rues qui l'avoisinent, bien pavé en bonnes pierres, paraît ferme et assez exhaussé au-dessus du fleuve, c'est là une croûte artificielle à quelques pieds au-dessous de laquelle on retrouve la vase mouvante, noyée par les infiltrations du fleuve, véritable éponge qui se gonfle à la saison des pluies d'eaux croupissantes et fétides.

Pour retrouver, d'ailleurs, l'état de choses primitif, il n'y a que quelques pas à faire, et le sol des rues non pavées et des *manzanas* de l'arrière ville, vierge de toute intervention municipale, quartier habité par la population pauvre, se montre tel que la nature l'a fait, cloaque et fondrière pendant l'hivernage — janvier à mars — épaisse couche de poussière pendant l'été. Entre Guayaquil et le petit bras de mer de l'*estero* ou *rio salado* s'étend une vaste plaine, submergée pendant les pluies,

---

[1] Toutes les côtes d'Amérique se soulèvent insensiblement.

en partie seulement desséchée pendant l'été, et au milieu de laquelle l'entreprise des *Carros Urbanos* ou tramways a assis sa ligne sur des empierrements en remblai.

Le *tranvia*, attelé d'une mule, me conduit en un quart d'heure aux bains de mer de l'Estero. Mais le petit établissement de bains est presque désert aujourd'hui, et seuls, quelques baigneurs savourent la fraîcheur matinale de l'eau. Dans ce petit boyau de mer, étroit et sinueux, l'eau n'est agitée d'aucune vague et rien, sinon la salure de l'eau, ne rappelle les vrais bains de mer, les bains de mer à la lame. La marée s'y fait à peine sentir. Malgré cela, il y a, le dimanche, une foule énorme de baigneurs, et, pendant tout le jour, les Guayaquileños trempent dans l'Estero, comme dans une piscine.

C'est en effet une nécessité physiologique dans ce climat suffoquant, de combattre par les bains froids l'excès de calorique qu'on emmagasine. De puissants intérêts peuvent seuls faire habiter un pays où la nature est si inhospitalière. On n'y vit pas oisif, et qui n'a rien à faire va vivre ailleurs.

Pour se reposer, ou pour rétablir ses forces usées, on habite les maisons de campagne aux environs de la ville; beaucoup de familles vont même passer l'hiver à Lima.

Sur les bords de cette fausse rivière salée, on voit le marécage boisé analogue à celui des rives du Guayas, excellente infusion végétale, bouillon de culture idéal qui mijote, sous le soleil des tropiques, pour les microbes de toute espèce.

Qui croirait pourtant qu'une armée, suivie de son artillerie, a pu traverser cet inextricable fourré de mangliers entrecroisant leurs racines adventices et leurs rameaux au-dessus d'épouvantables fondrières? C'est cependant ce qui a eu lieu, et cet épisode invraisemblable de l'histoire militaire de l'Equateur mérite d'être rappelé en quelques mots :

Les troupes de Quito commandées par le général Florès et Garcia Moreno ne pouvaient aborder Guayaquil où était retranchée l'armée de Franco, ni par le Cerro, rendu inexpugnable par les batteries qui le couronnaient, ni par le Guayas, n'ayant pas de navires à leur disposition. L'audace et l'indomptable énergie des deux chefs les fit entrer par un point supposé impraticable, l'Estero salado et le marécage qui lui fait suite.

Traverser le Rio, large d'une trentaine de mètres, sur des canots et des radeaux, n'était rien à côté des difficultés qui les attendaient au milieu du marécage où l'armée tout entière pouvait se perdre, si l'ennemi se doutait de sa présence. Au prix de difficultés inouïes, la traversée eut lieu. Les canons, suspendus à de longues perches, étaient portés par 12 hommes, tantôt dans la boue jusqu'au ventre, tantôt perchés dans les mangliers dont les racines entrelacées forment un fourré impénétrable. Les affûts, les caissons, les obus, tout passa ainsi, à bras d'hommes, et, pendant que les défenseurs de Guayaquil gardaient tranquillement les hauteurs, et ne voyaient rien d'insolite sur le fleuve, l'ennemi était déjà dans la place et Guayaquil était prise le 24 septembre 1860.

En face de Guayaquil, et assez bas en aval, le Guayas roule une énorme quantité de limon, et l'eau est si épaisse qu'elle ne peut former d'écume à l'hélice des bateaux. C'est, à proprement parler, un fleuve de boue que le mouvement des marées brasse et rebrasse sans cesse, comme la Garonne devant Bordeaux. La marée basse laisse à découvert les cales des quais, couvertes d'une épaisse couche de vase, sur laquelle un soleil de plomb vient pomper des vapeurs d'une horrible fétidité. Ainsi marais au milieu, marais devant, marais derrière; comment éviter l'influence pernicieuse de tant d'éléments paludéens concentrés en un si faible espace? Aussi Guayaquil est le domicile élu de la fièvre ou, pour mieux dire, des fièvres, dont les diverses variétés se donnent ici rendez-vous.

Ajoutez l'absence d'eau potable. On trouverait plutôt ici une bouteille de champagne qu'un verre d'eau pure et fraiche, de cette eau délicieuse filtrée goutte à goutte, aux fentes du rocher, ou dans les lits de sable d'une nappe aquifère souterraine où n'arrive aucune des impuretés de la surface. Oh! les sources cristallines et fraîches de nos collines de France, les puits intarissables de nos grandes plaines et du désert lui-même, dont le soleil n'a jamais vu le fond! Qui donnera tout cela à Guayaquil?

Supplice épouvantable dans ce climat torride aux pluies diluviennes, au sol marécageux, il n'y a pas d'eau... pas d'eau potable j'entends. Les pauvres gens boivent, qui le croirait? l'eau jaunâtre du fleuve, infusion terrible de toutes les impuretés possibles, après l'avoir seulement laissée reposer dans des récipients où se déposent les sédiments les plus grossiers de la boue. Les riches ont des citernes en fer dans lesquelles ils recueillent l'eau de pluie de l'hiver. Ou bien ils achètent fort cher aux *aguadores* l'eau que de grandes *lanchas* ou bateaux-citernes vont puiser, à quelque distance en amont de Guayaquil, dans une partie où le fleuve est moins pollué.

Une Compagnie Nord-américaine de *Water Works* travaille en ce moment à amener des eaux potables d'une source de la sierra située à 60 kilomètres de la ville. On pose la canalisation dans les rues. Mais, comme Gargantua qui, dans ses jeux « toujours atteloit charrette devant bœufs », on a commencé par où il eût fallu finir, car la partie la plus importante et la seule difficile de l'entreprise est de traverser le fleuve large de plus d'un kilomètre et demi en ce point.

Du haut de *las Peñas*, je vois, sur un bateau, un groupe d'ouvriers immergeant de gros tuyaux en fonte unis bout à bout et articulés en cotyle, au moyen d'une noix en plomb qui permet aux segments de jouer les uns sur les autres. En admettant qu'on arrive à terminer sans encombre ce travail de géants, il me paraît bien difficile d'éviter les infiltrations du fleuve dans les tuyaux, au niveau des joints, et le but cherché ne sera pas atteint. Les entrepreneurs yankees ont déjà renoncé à la partie et ce sont deux jeunes ingénieurs français, précédemment employés dans les travaux de Panama, qui ont pris la suite de l'entreprise. Le travail doit coûter à la ville 1 million de soles. Mais je crains bien que l'argent ne soit mangé avant que les Guayaquileños n'aient bu une goutte de l'eau de source dont la Compagnie a promis de les abreuver [1].

Quartier de *las Peñas*. — Tout au bout de la ville, élevé de quelques mètres à peine au-dessus du Malécon, s'étend un faubourg de plaisance, adossé au Cerro, où se dressent, au milieu des palmiers, quelques chalets où grimpent des fleurs, et de jolies petites habitations bourgeoises. Ici, malgré le voisinage

---

[1] Ces prédictions pessimistes ne se sont pas réalisées, grâce à l'opiniâtreté des ingénieurs. Malgré plusieurs échecs successifs, ils ont persisté, et, depuis 1892, Guayaquil jouit d'une canalisation d'eau potable.

pourtant immédiat, l'animation de la ville et du port ne se fait plus sentir, et les négociants du Malécon viennent, la canne à la main, faire une villégiature et changer de climat! Et de fait, la salubrité du sol et de l'air y est plus grande, et le vent du marais n'y souffle pas. Plus haut, dans le col, que laissent entre eux deux cerros, on a édifié l'hôpital militaire, vaste barraquement en bois qui paraît encore inachevé.

.·.

Guayaquil, novembre.

Je voudrais, maintenant, laissant de côté les détails pittoresques sur la ville et ses coutumes d'un autre âge, ausculter plutôt le cœur des habitants, interroger leur état d'âme et en donner, en quelques touches, un portrait moral.

Dans cette société mobile et sans cesse renouvelée, où l'on part pour l'Europe et les États-Unis plus facilement que nous pour la

Suisse et l'Italie, les villes sont de véritables campements de marchands, de grands bazars qui font songer aux foires du moyen-âge. On ne vit que pour le commerce. Aussi tout y a un caractère commercial bien tranché. En veut-on un exemple? A Panama, à Guayaquil, à Lima, tout le monde offre ses services par la voie d'affiches ou du journal, et l'on n'y connait pas les réserves, les scrupules admis en Europe. A Paris, le médecin qui met une plaque à sa porte est absolument disqualifié, l'avocat, de même, est rayé du tableau de l'ordre. Ici, le médecin, l'avocat, le professeur, l'ingénieur, le notaire qui ne tiennent pas boutique et n'ont rien à vendre sur le comptoir, ont cependant continuellement recours à la première ou à la quatrième page des journaux pour avertir le public de leur existence et lui offrir leurs services. Ils le font d'ailleurs simplement et sans réclame charlatanesque.

Cette constante recherche de la publicité expose, dans les colonnes d'annonces, soit dit en passant, à des voisinages étranges d'où naissent parfois les plus piquants rapprochements. J'en reproduis, avec sa disposition typographique, l'exemple suivant qui paraît inventé à plaisir et qui est absolument authentique. (*El Comercio* du 15 octobre 1889.)

ENRIQUE M. YBARRA
medico y cirujano
Ofrece sus servicios. — Calle de Junin 161. Altos
Telefono 125.

ATAUDES (1)
Esquina de Filippinas
nos 94, 96 y 98.

L'adresse du croque-mort au bas de la carte du médecin ; n'est-ce pas délicieusement suggestif ?

Tout le monde donc a recours à la publicité, et personne ne songe à s'en étonner. Cet usage s'est introduit même dans certains actes de la vie civile. En partant pour l'Europe ou les Etats-Unis, ou quelque autre république du Sud, on prend congé de ses amis en bloc par la voie du journal. On revient, et c'est le journal qui annonce votre retour, et que vous avez repris votre clientèle, vos affaires. C'est vraiment très pratique.

---

(1) Cercueils. — Comme en Espagne, il y a dans les villes de l'Amérique du Sud, par suite de la rareté du bois, des magasins de cercueils tout faits, généralement en métal et plus ou moins richement peints. Ces magasins exposent ostensiblement leur marchandise et se font concurrence.

On ne perd pas de temps en visites, ou en correspondance inutile, car les Américains du Sud sont pénétrés, autant que les Anglais, de la vérité de la maxime *Times is money*. Le climat est intolérable; les distractions absentes; il n'y a donc que les affaires pour occuper l'activité intellectuelle et physique.

Il est bien entendu qu'on ne vient là que pour faire fortune, et que toutes les professions, quelles qu'elles soient, doivent avoir en vue cet unique objectif. Le commerçant, l'industriel, l'homme de loi, le journaliste, le médecin, le mineur, le politicien, le général, le chef de l'Etat lui-même, tous marchent, d'un pas plus ou moins rapide, mais avec une volonté également ferme, vers ce but suprême, et ne s'en laissent détourner par aucun vain scrupule. Qui veut la fin, veut les moyens.

On ne saurait voir en ces pays, comme on le voit en Europe, de ces belles vies, étrangères à toute préoccupation matérielle, consacrées au culte désintéressé de la science pure, à l'art dans ses plus hautes manifestations : peinture, musique, hautes lettres. Toutes ces disciplines qui ne conduisent qu'à la gloire et, parfois, à l'hôpital, n'y ont pas d'adeptes. Il n'y a d'autre culte que celui du dieu Dollar. Ce n'est pas une critique que je formule, c'est une simple constatation que je fais.

Il ne manque pas, en effet, de raisons pour qu'il en soit ainsi et ne puisse en être autrement. Les énumérer toutes serait un peu trop long, car il faudrait remonter loin dans l'étiologie de cet état de choses. Je n'en signalerai qu'une ou deux.

L'hérédité. — Les *Conquistadores*, et surtout ceux qui vinrent à leur suite, n'avaient d'autre mobile, en quittant leur patrie, que celui qui pousse encore les émigrants d'aujourd'hui : faire fortune. Il n'est donc pas étonnant que leurs descendants soient imprégnés encore de ce même esprit, renforcé de toute la puissance atavique de dix ou quinze générations, sans cesse renouvelée et exaltée par le croisement avec les nouveaux arrivés, non moins obsédés de la même idée fixe.

Le milieu. — Le climat est aussi, au moins pour certaines parties de l'Amérique du Sud, un facteur de cette situation. L'excessive chaleur est aussi malsaine pour l'esprit que pour le corps, et les dangers incessants nés de l'insalubrité du pays ne laissent pas à la pensée le calme nécessaire à son épanouissement. Il est donc évident qu'on ne supporte pas les ardeurs énervantes d'un éternel été, qui fait éclore dans l'air qu'on respire, dans l'eau qu'on boit, les germes des plus grands fléaux de l'univers : la fièvre jaune, le choléra, les accès pernicieux, quand on n'entretient de commerce qu'avec les Muses. *Ergó*, on ne vit ici que pour faire des affaires et seul, un intérêt puissant et tenace, *auri sacra fames*, peut faire braver, pour un temps, tant de conditions défavorables. Mais, quand on a échappé à toutes les mauvaises chances, quand, dans cette âpre lutte pour l'existence et pour la fortune, on a obtenu la victoire, comme on s'empresse de venir dans notre vieille Europe, pour oublier l'insupportable existence des tropiques, l'accès foudroyant sans cesse suspendu sur votre tête, le long jeûne de distractions et d'amusements! Hambourg, Londres, Rome, Madrid, Paris, oh! surtout Paris, sont les villes de prédilection de ces lutteurs heureux qui prennent leur retraite.

C'est là qu'on se transforme; que l'*hacendado*, le mineur, le commerçant devient un nouvel homme, et se lance, à corps perdu, dans la vie mondaine dont, grâce à sa faculté d'assimilation greffée sur un vieux fond héréditaire d'élégance castillane, grâce aussi à ses millions, il devient, parfois, un des choryphés enviés. De sa vie terre à terre et mercantile d'antan, il ne lui reste rien, et, comme le Mercure d'Amphytrion, avec la vie parisienne, en guise d'ambroisie, il s'en est débarbouillé tout à fait.

* * *

Océan Pacifique, 27-30 novembre.

Nous avons quitté Guayaquil à cinq heures. Le personnel des passagers s'est bien réduit. A mesure que nous approchons de Panama, le point terminus de la ligne, des passagers nous quittent, figures auxquelles on s'était habitué par une vie commune de quelques jours, et ces séparations, d'ailleurs prévues, ont leur pointe de tristesse. On ne se connait que depuis cinq ou six jours; qu'importe? Des sympathies peuvent naître, en un jour comme en une année, et la rupture de ces liens éphémères, n'a pas moins son retentissement pénible sur le cœur.

N'est-ce pas là l'image en raccourci du voyage même de la vie ? On est parti ensemble au matin, et, quand vient le soir, on s'aperçoit qu'on a laissé plus de la moitié de ses compagnons en route.

Comme on voyage peu en cette saison, nous n'avons pris aucun passager et, le soir, à dîner, je suis seul à table avec le capitaine. Dîner mélancolique, comme toutes les choses qui annoncent une fin. Nous achevions silencieux notre pudding quand, dans la nuit déjà tombée, retentissent des cris. Nous allons voir, lui sur sa dunette, moi à tribord. C'est le *Mendoza* venant de Panama qui entre dans le fleuve, et nous croise à nous toucher presque. Les équipages s'interpellent d'un bateau à l'autre, et, pendant un moment, je regarde fuir la masse mouvante et noire, pointillée de feux, qui décroît progressivement et s'efface dans l'ombre noire. Nous retombons dans le silence profond, absolu, où se distingue à peine, tant le bateau fatigue peu, le bruit familier de l'hélice.

Nulle part, je n'ai éprouvé avec plus de force l'étrange et inexprimable sensation de l'Infini que dans cette partie du voyage de

Guayaquil à Panama. Seul passager sur ce grand navire, il me semblait, le soir, assis à la proue et contemplant les étoiles, être entré déjà dans l'Eternité et voguer silencieusement dans les espaces interplanétaires, sur un vaisseau fantôme. Aucune des sensations de la Terre n'arrive plus à nos sens. Le bruit monotone de la machine et de l'hélice ne se perçoit pas à l'avant, les lumières extérieures sont éteintes, l'équipage est endormi, la brise même se tait dans les cordages et le navire glisse silencieusement sur une mer tranquille où se réflète, à l'Occident, la lueur tremblotante et douce de la Lune.

A perte de vue, l'eau luisante ou noire et le ciel. Et, pendant des heures, l'horizon toujours nouveau, puisque nous marchons, reste cependant toujours le même. Par une illusion visuelle, par une véritable erreur de jugement, il semble que le navire a suspendu sa marche et que le temps lui-même a suspendu son vol. La mer, le ciel, les étoiles paraissent immobiles. On est bien dans le royaume du silence et du vide.

Per loca nocte silentia latè,
Ibant.
Perque domos Ditis vacuas et inania regna.

Il semble qu'il n'y a pas de raison pour que cela finisse, et qu'on est entré déjà dans le domaine imaginaire des choses qui ne sont plus. Comme un être privé de ses sens qui serait sans yeux, sans oreilles, sans toucher, et ne recevrait plus l'impression du monde extérieur, on finit par perdre la notion de son existence. On éprouve quelque chose d'indéfinissable, d'inexprimable par des mots, comme une syncope cérébrale, un évanouissement qui serait très doux, un rêve sidéral, l'arrêt du temps, la perte de la conscience de son être, l'extase des hallucinés et des saints, l'anéantissement absolu, le Nirvána suprême. . . . .

Et, cependant, nous ne sommes pas perdus dans ce désert immense où n'existe aucun point de repère, où la vague qui vient ressemble à celle qui s'en va. L'homme qui veille là bas, à l'arrière, la main sur la roue du gouvernail, ne quitte pas des yeux un cadran mobile qu'éclaire la lueur discrète d'une petite lampe sourde et sur lequel on distingue une étoile noire, la Rose des vents, véritable *Rose mystique*, dont l'un des rayons, attiré par une force mystérieuse, l'âme même de la Terre, se dirige toujours vers le Nord! C'est le compas, la boussole merveilleuse qui, le jour ou la nuit, dans l'ombre ou dans la lumière, lui révèle la direction du navire, pendant que sur sa dunette, fouillant l'horizon lointain, le capitaine surveille le chemin où nous allons passer.

Au centre de cet horizon exactement circulaire, que rien ne vient interrompre, loin des côtes, loin des îles,

<blockquote>Sur l'Infini des eaux, sous l'Infini des cieux,</blockquote>

au milieu de cette immense plaine liquide dont les bornes se déplacent sans cesse, avec le mouvement du navire, on a bien la sensation qu'on est sur une calotte sphérique, malgré l'apparence plane, et qu'on glisse, d'un mouvement régulier, sur une portion de boule, comme sur un *skating* immense. On comprend alors nettement, bien mieux la nuit que le jour, que la terre est un globe flottant dans l'espace, qu'en tournant sur elle-même, elle offre successivement, au soleil immobile, tous les points de sa surface. Le voile se déchire et le panorama cosmique apparaît. Toute cette cosmographie que la raison admet, mais contre laquelle les sens infirmes protestent, qu'on arrive si difficilement à se représenter dans sa réalité objective, on ne la comprend pas seulement, alors, on la voit, on la sent, et l'on pourrait dire, comme Pauline éclairée par la grâce,

Je vois, je sais, je crois, je suis désabusée.

Toutes les autorités de la Terre ne vous feraient plus abjurer cette foi, appuyée sur le témoignage des sens, et, avec plus de force que le divin Galilée, on s'écrierait aussi *epur si muove!*

Oui on comprend le jour et la nuit, les antipodes et l'attraction de tout ce qui est à la surface par le centre, la loi de la gravité des corps, et comment, par rapport à nous, hôtes du *Bolivia*, d'autres navigateurs peuvent marcher la tête en bas, sur un bateau qui, par rapport au nôtre, va lui-même les mâts en bas. On comprend les mois, les saisons et l'année, par la révolution annuelle de la terre autour du soleil, la terre satellite du soleil, la lune satellite de la terre, et tout notre système solaire. On sent que si Copernic, Képler, Galilée, Newton, n'avaient pas inventé l'attraction universelle et le système solaire, on les inventerait peut-être par une série de déductions..

Puis l'espace, l'espace immensurable, infini, sans bornes, apparaît à l'esprit avec toute son énormité. Son idée se dégage mieux des voiles à travers lesquels, sur la terre ferme, la pensée débile l'entrevoit à peine. Oui, ce ciel bleu, ce mystérieux dôme n'est pas une voûte d'azur. Ces étoiles ne sont pas des clous d'or et de diamant destinés à éclairer doucement la nuit. Le bleu c'est le vide, c'est l'impalpable éther qui, chose incompréhensible, n'a pas de bornes, qui ne commence et ne finit nulle part, océan sans fond et sans rivages où flottent des millions de mondes inconnus dont chacun a pour centre une étoile, c'est-à-dire un Soleil analogue au nôtre, mais plus éloigné et sans influence sur nous.

Combien la terre est petite! simple grain de poussière flottant dans l'immensité, enchaînée par une invisible mais imbrisable chaîne au soleil, son seigneur et son maître, sans qui elle ne serait qu'un amas de matière inerte et glacée.

Et l'Homme, au milieu de cet infini redoutable, que devient-il dans cette cosmologie grandiose et simple? Est-ce vraiment pour lui, chef-d'œuvre et roi de la création, que l'Univers existe, que ces innombrables soleils rayonnent vers des infinis, à jamais ignorés de lui, leur lumière sidérale? Ou n'est-il qu'un accident, que l'évolution d'un précipité chimique opéré par le hasard au fond des vieilles mers primitives? n'est-il, enfin, qu'un détail infime, qu'une quantité négligeable dans cet immense univers?

— Ah! sans doute, Pascal dira que cet être chétif et misérable, né de la femme et vivant peu de jours, que ce frêle roseau, le plus faible de tous, dépasse en grandeur cet univers qui l'écrase. Mais cet élan de foi, cette éloquente affirmation n'est pas une preuve et le problème reste entier. Problème redoutable que la curiosité humaine pose, depuis des siècles, mais dont aucun algébriste n'a encore dégagé l'x mystérieuse, et qu'un passager songeur, à bord du *Bolivia*, ne saurait même effleurer dans son rêve. . . . .

Panama, 2 décembre.

No mosquitos!

Oh ! le charmant pays que Panama !

Ce matin, je me suis levé anéanti, sans force, la cervelle obnubilée, dans l'état d'un pauvre condamné à la torture que, par un raffinement de cruauté, on laisserait reposer entre deux questions, et qui s'efforce en vain de ressaisir sa conscience défaillante. Quel réveil après quelle nuit ! On m'avait bien prévenu, mais l'évènement a dépassé mon attente, oh ! combien dépassé ! Et si j'emporte quelque souvenir agréable de mon voyage, ce ne sera pas celui des nuits passées à Panama. Non, pas agréables du tout ces nuits de l'isthme ! Bien longtemps encore, je n'y songerai pas sans un frisson, car les sensations que j'en ai éprouvées furent trop cuisantes, pour qu'elles ne m'aient pas, à ces heures d'insomnie affreuse, plongé dans un abîme de réflexions amères.

Et pourtant j'ai bien lu hier, en arrivant, dans un journal yankee, parmi les annonces de la première page, celle d'un hôtel qui, pour attirer les voyageurs, énumère, en tête de tous ses avantages, celui de n'avoir pas de moustiques. *No mosquitos!* disait le boniment. Mais il ne s'agissait sans doute pas d'un hôtel de Panama. La plaisanterie serait trop cruelle, et je suppose que les hôteliers de ce pays ont plus de vergogne?

No mosquitos! Quel étrange épisode de la grande lutte pour la vie, qui courbe sous sa loi le monde entier des êtres vivants, que le combat où l'homme se trouve aux prises avec le moustique! Certes, parmi ce que notre orgueil anthropocentrique nous fait appeler les ennemis de l'homme, (comme si tous les êtres n'avaient pas un droit égal à la vie!) il en est de plus petits et, partant, de plus redoutables que ce diptère, *culex pipiens* [1], mais il n'en est pas qui emploie, vis-à-vis de nous, des procédés plus agaçants et plus odieux. Dans ce

---

[1] Un autre *culex* a reçu le nom d'aède, un nom que les poètes décadents aiment à se donner. Oh ces naturalistes!

duel ridicule son titre de roi de la création ne sert de rien à l'homme, et la majesté de Louis XIV elle-même eût été forcée de capituler devant le chétif insecte qui règne ici sans partage, avec la fièvre sa compagne.

Qui pourrait redire les imprécations que l'Européen fraîchement débarqué à Panama exhale, dans sa rage, contre ces invisibles ennemis? Agamemnon, Ajax, tous les héros rageurs de l'Iliade, ne fournirent jamais, aux rhapsodes de la Grèce, le quart des malédictions que l'infortuné voyageur vomit contre cette race maudite. Oh! combien maudite! Car c'est cette heure, agréable entre toutes, présent des Dieux, où après une journée accablante, le voyageur va livrer au premier sommeil ses membres fatigués et son corps qui a porté le poids du jour et de la chaleur; cette heure bénie où, perdant la conscience de la réalité, il va entrer, par la porte d'or des Songes, dans le domaine des illusions, des riantes chimères, ou tout au moins du non-être, c'est à cette heure que son adversaire, altéré de sang, s'éveille et, sonnant la charge, vient lui donner l'assaut.

Entendez-vous ce zonzonnement aigre et fêlé — *pipiens* — encore presque indistinct, comme la voix grêle d'une cigale qu'on entendrait de très loin dans la forêt? C'en est un! Il vient en éclaireur d'avant-garde. Sous la moustiquaire où vous fermez l'œil à demi, vous vous croyez à l'abri de sa piqûre. Bientôt le bourdonnement augmente. Ils sont dix, ils sont cent, ils sont innombrables, et dansent une sarabande échevelée autour de vous, comme une troupe de Peaux-rouges dansant la danse du Scalp autour de leur prisonnier. Vous n'êtes qu'agacé et vous les bravez encore, sous l'abri protecteur de la gaze inexpugnable qui les tient à distance ; et, le premier moment d'énervement causé par leur concert en sourdine une fois passé, vous espérez dormir, comme, au désert, sous la tente, on dort au milieu des hurlements des chacals. Mais malheur à vous! si la moustiquaire présente quelque accroc insidieux, et elle en présente toujours : L'assaillant va se précipiter par la brèche.

Alors plus de repos, plus de nuit, plus de somme.

Sur votre couche d'angoisse, vous allez, comme Saint-Laurent sur son gril, gémir jusqu'au matin. En vain, pour échapper à ces féroces tortionnaires qui vous lacèrent de leurs dards, empoisonnés d'un suc brûlant, vous vous enveloppez le corps entier et la tête de votre drap, dûssiez-vous périr suffoqué de chaleur. Espoir bientôt déçu! les mille aiguilles traversent la mince toile et vous lardent à qui mieux mieux l'épiderme.

Ah! si l'on a désiré quelquefois, la force du lion, l'aile de l'hirondelle, l'œil perçant du faucon, que ne donnerait-on pas alors pour avoir la peau écailleuse du crocodile ou le cuir invulnérable des pachydermes? Un roi lui-même donnerait son royaume pour une simple peau d'hippopotame.

L'infortuné dormeur dévoré par un prurit qui l'affole et le fait se déchirer soi-même, écumant de rage et d'impuissance, vaincu, terrassé, s'abandonne, indifférent et morne au destin qui l'accable, et tombe, épuisé, comateux, dans un cauchemar rempli d'hallucinations et de visions terrifiantes. *O horrible, horrible, most horrible!* Tout ce qu'ont pu inventer de supplices et de raffinements de cruauté les plus obscurs sauvages et les fous couronnés ou tonsurés de l'empire romain ou de l'Inquisition, vient passer dans son cerveau prêt à éclater, où bouillonne le délire. Il lui semble qu'il subit tous ces supplices. Tout ce qu'il y a en lui de sensibilité, de capacité pour souffrir, se développe et s'exalte, et tout son être hypéresthésié rend des millions de vibrations par seconde, au diapason de la douleur. Enfin, suprême sarcasme! dans la nuit de sa pensée submergée en cette agonie étrange, flamboie en lettres gigantesques, comme une obsession pareille à la vision de Balthasar, l'ironique *No mosquitos!*

Le triste patient se réveille enfin haletant et baigné de sueur. Le jour qui paraît a mis en fuite ses persécuteurs. Il se lève éreinté, stupide, la tête vide de pensées, le corps endolori, la peau couverte d'innombrables papules qui le brûlent encore, et, pour comble de dérision, quand il se regarde dans la glace, il voit qu'il a pour tête une hure informe et grotesque, boursouflée comme une outre pleine! Martyr et ridicule! Avouez qu'il n'y a pas de bon Dieu.

Hélas! j'ai connu ce supplice! et sur le premier moment, blasphémant la providence, j'en ai proclamé l'absurdité. Allons! vieux Bernardin de Saint-Pierre, philosophe enfantin et naïf qui trouvas une utilité aux inondations, à la grêle, aux puces, à tous les fléaux qui désolent l'humanité, voilà une belle occasion de réhabiliter cette providence bien discréditée aujourd'hui, en nous révélant l'utilité du moustique dans les Harmonies de la Nature. Je te constitue d'office le défenseur de la bande *Mosquitos, Maringoas y C^a* (1). Tu as la parole, ou plutôt tu l'auras, car toute ma bile n'a pas flué et je veux encore continuer mon réquisitoire.

Outre leurs méfaits coutumiers, piqûres, enflures, énervement, insomnie, avec anémie à la suite, je les accuse encore, et c'est plus grave, de propager la fièvre paludéenne et la fièvre jaune, qu'ils vont inoculant de l'un à l'autre, au moyen de leur lancette empoisonnée. Et comme si ce n'était pas assez de la tribu des moustiques, voici, oh! le charmant pays! celle des *Gusanos* affreuses larves que des mouches déposent dans les narines, dans les oreilles, sous la peau même de l'homme qui dormirait ici en plein air, dans la campagne ou dans la forêt, sans moustiquaire, et qui pourraient amener cette mort affreuse

---

(1) C^a n'est pas là comme dans beaucoup de raisons sociales pour arrondir la phrase. Il représente les *zancudos, jejenos, lanceteros, cucarachas, aludas, coloradillos, alacranes*, etc.

d'être mangé vivant par les vers. Oh ! ce n'est pas là une fable, car c'est ainsi que périssent tant de jeunes animaux domestiques, au moment de la naissance, si l'homme ne leur vient pas en aide.

Voici la *Nigua* ou puce des tropiques, autre affreuse bête qui s'insinue sous la peau des orteils et y établit, sans plus de façon, le nid de sa progéniture bientôt grouillante et donnant, si l'on n'y porte remède, la fièvre, le tétanos et la mort. Voici, pour couronner la série de tous ces dévorants (car j'en passe et des pires dans le pire), voici l'affreux vampire plus redoutable qu'il n'est gros, ventouseur nocturne au vol silencieux, à la dent aiguë comme un diamant, qui vient dans l'ombre, sans bruit et sans douleur, par une plaie toute petite, sucer le sang de ceux, hommes ou bêtes, qui s'endorment dans la forêt.

— O protagoniste des causes finales, les voilà les clients que vous avez à défendre. Je ne puis requérir contre eux qu'une condamnation par défaut et qu'une exécution en effigie, mais je les voue à l'exécration de l'Univers. Et maintenant vous avez la parole, allez, on vous écoute!

— Et Bernardin, imperturbable et doux, me

répond : Homme aveugle et téméraire ne vois-tu pas que tous ces êtres, personnifiés jadis par l'Hydre antique, sont les gardiens de ces terres inhabitables, de ces marais empestés, et qu'ils ont précisément pour mission d'écarter l'homme de ces régions où il ne peut vivre, car les temps ne sont pas encore venus? voilà leur rôle, voilà leur utilité dans la Nature! Comme la cloche qu'agitaient autrefois les lépreux en voyage, comme la bouée qui signale les écueils, ils nous crient passez au large! n'approchez pas! Tant pis pour les sourds ou les obstinés. *Dixi*.

— Tiens! mais il a raison Bernardin et je lui rends mon estime, car sa réponse m'ouvre des horizons nouveaux.

Et, en effet, où sont-ils ceux qui ont voulu passer outre et violenter la Nature, en cherchant à s'imposer à des climats qui ne sont pas faits pour l'homme? On connait l'odyssée lamentable des Ecossais qui, sous la conduite de Paterson, le génial fondateur de la Banque d'Angleterre, voulurent, il y a bientôt deux siècles (1698), coloniser l'Isthme de Darien voisin de celui de Panama. Que reste-t-il de la Nouvelle-Edimbourg? Moins que rien, car ses ruines mêmes ont péri. Et plus près de nous, à l'époque où on a construit le chemin de fer de Panama, combien d'Irlandais employés dans les travaux sont morts, sans compter les nègres et les chinois. Et pour ces derniers je n'accepte pas la légende, évidemment hyperbolique, qui raconte que chaque traverse (il y en a 98,000) recouvre le corps d'un chinois. Qui dira au prix de combien de vies humaines les Espagnols eux-mêmes, pourtant les mieux doués des Européens pour résister à ces climats, sont arrivés, par la sélection naturelle et les croisements avec les indiens, à s'implanter et à se maintenir, en petit nombre d'ailleurs, dans ces parages insalubres?

Au temps de leur prospérité qui fut très grande, Panama le vieux au XVIe et au XVIIe siècle, Panama actuel au XVIIIe siècle ne furent certainement qu'un lieu de passage entre l'Espagne et les riches colonies de l'Amérique du Sud, où l'on devait faire très rapidement fortune, pour rentrer ensuite, après quelques années, en Europe.

Et plus près de nous encore, au moment de la tentative, si piteusement avortée, de creusement du Canal, combien de vies humaines a dévorées, nouveau Minotaure, ce climat que des voix intéressées s'efforçaient alors de réhabiliter, en prétendant qu'on l'avait calomnié. Calomnié le climat de l'Isthme ! Oui si la vérité est une calomnie. Sans doute on pourra citer des Européens, des fonctionnaires oisifs qui, dans d'excellentes conditions de résistance, en prenant d'innombrables précautions d'hygiène, ou grâce à quelque immunité naturelle mais rare, auront pu résister un an, deux ans, dix ans même. Mais des ouvriers, des terrassiers obligés de travailler, même modérément, insouciants des précautions hygiéniques les plus élémentaires, arrivant avec les habitudes et les vices de toutes les grandes agglomérations humaines, ceux-là, proie fatale de la malaria et de la fièvre jaune, seront décimés sans pitié.

D'ailleurs, pour mieux dire, ces deux terribles fléaux n'épargnent personne. Qu'on se rappelle le coup poignant et terrible qui vint atteindre en plein cœur l'ingénieur en chef, directeur général des travaux, perdant coup sur coup, dans ce climat empoisonné, sa jeune femme et ses deux enfants. Qu'on se rappelle la mort foudroyante de l'ingénieur Léon Boyer. Et ce ne sont là que des exemples.

plus illustres que les autres, mais il y en a ainsi des centaines, et Panama reste, pour les Européens, un des points les plus insalubres de la terre.

— Piquez donc, piquez toujours, o moustiques calomniés, et ne cessez de bourdonner aux imprudents qui l'oublient votre aigre refrain qui veut dire : Allez-vous-en, allez-vous-en !

*
* *

4 décembre.

Depuis deux jours Panama est en fête, Panama est tout à la joie, Panama célèbre l'anniversaire glorieux de son Indépendance. Parlerai-je de ces fêtes avec leur programme de courses de chevaux et de taureaux, leurs combats de coqs, leurs *Zamacuecas*, leurs lampions patriotiques? Tout cela n'a rien de bien neuf, car les réjouissances populaires ne varient guère, et qu'elle soit blanche, rouge ou noire, la populace qui s'amuse est partout et toujours la même. Et puis, désormais, une seule pensée me pénètre, m'obsède, me tenaille, le désir du départ. La nuit et le jour, sur les *rocking-chairs* du Central-Hôtel ou dans le square brillant de la *Plaza Mayor*, sur les remparts solitaires, les vieilles *Bovedas*, ou dans la rue grouillante de peuple, je ne songe plus à autre chose. Je n'ai plus de curiosité, je me désaffectionne de ce journal de voyage pour lequel ma belle ardeur d'antan s'est éteinte. En dehors de ce sentiment qui s'hypertrophie de moment en moment, et qui a tout absorbé dans mon esprit, « plus ne m'est rien, rien ne m'est plus ».

.·.

Colon, 5 décembre.
A bord de *la France*.

Enfin, je vais partir dans quelques instants pour la France. Je viens de passer à Panama cinq longs jours, oh! combien longs! dans l'attente mortelle de cette minute où, sur sa dunette, le capitaine du bateau de Saint-Nazaire commandera « *Larguez!* » Et dès maintenant, je puis soupirer après cette autre minute, la plus agréable de toutes, à la suite d'un long voyage, la minute du retour.

> Hélas! quand verrai-je de mon petit village
> Fumer la cheminée, et, en quelle saison,
> Reverrai-je le clos de ma chère maison
> Qui m'est une province et beaucoup davantage?

Mais déjà l'impatience me gagne. Devançant le temps, franchissant l'espace, je voudrais être arrivé, et je ne suis pas encore parti. Et voilà que sur cette pensée joyeuse du retour, sur la vision dorée de cette heure délicieuse où je remettrai le pied sur le sol de la patrie, une ombre fugitive vient de passer et j'ai peur de ne pas l'atteindre, car j'en suis encore si loin! Tout l'Océan à traverser, tout un inconnu peuplé d'ombre, de mystère, de vagues inquiétudes et de terrifiantes visions... La mer est souvent si mauvaise l'hiver, la brume recèle tant d'abordages. N'importe. Allons! car au-dessus de toute cette ombre, de tout ce mystère, de tous ces dangers, brille quand même, au fond du ciel funèbre, une petite étoile qui donne du cœur: *L'espérance.*

TABLE DES MATIÈRES

EN MER

		Pages
10-14 août 1889.	Premières impressions	5
15 août	Messe en mer	22
16 août	Plaisirs du bord	31
17 août	La mer des Sargasses	34
22 août	La Pointe à Pitre. — La Basse Terre	37
23 août	Fort de France	43
26 août	Caracas	53

L'ISTHME DE PANAMA

29 août	Colon	66
30 août	Panama	71

LE PACIFIQUE

1er septembre	A bord du « Mapocho »	88
4 septembre	Rade de Guayaquil	91
5-9 septembre	*Costa del Peru*	92

LIMA

		Pages
15 septembre	Lima. La liménienne	97
16 septembre	En la Calle	115
17 septembre	El Panléon	122
18 septembre	Quien quiere plata ?	131
24 septembre	La Merced	136

LA CORDILLÈRE

3 octobre	Départ pour la *Sierra*	146
4 octobre	Matucana	148
7 octobre	Chicla	154
8 octobre	Casapalca	162
12 octobre	*Tras los Andes !*	164
15 octobre	Journal de Morococha. 4.392 m. au-dessus de la mer.	172
16 octobre	— Pessimisme	184
20 octobre	— Portraits de « *Serranos* »	190
22 octobre	— L'Ermite de Morococha	195
23 octobre	— Le Lama	201
25 octobre	— *Ultranubes*	208
27 octobre	— Préparatifs de départ	222
28 octobre	La Oroya	226
29 octobre	Tarma	233
31 octobre	Palca	247
1ᵉʳ novembre	Hacienda « Auvergne »	255
	Un Auvergnat du Chanchamayo	268
2 novembre	La Forêt Vierge	274
3 novembre	Chez les Sauvages	281

RETOUR A LIMA

15 novembre	Un banquet de Francophiles	288
20 novembre	Départ pour le Nord	293

L'ÉQUATEUR

		Pages
25 novembre	Le Guayas	294
26 novembre	Guayaquil	303
27 novembre	Le Dieu Dollar	316
27-30 novembre	Soledad!	322

PANAMA

2 décembre	No Mosquitos!	330
4 décembre	Les fêtes de l'Indépendance	341
5 décembre	Départ pour la France	342

Bordeaux. — Imprimerie du MIDI, 91, rue Porte Dijeaux.

A LA MÊME SOCIÉTÉ D'ÉDITIONS

AIMÉ (Victor). — *L'Afrique française et le Transsaharien.* 1 volume in-8. 2 fr. 50

BINGER (le Capitaine). — *Esclavage, islamisme et christianisme en Afrique.* In-8 de 112 pages............ 2 fr. 50

BOULANGIER (Edgard). — *Voyage en Sibérie. Le chemin de fer Transsibérien.* Ouvrage honoré de la souscription du ministère de l'instruction publique. 1 magnifique volume, in-8 jésus de 400 pages avec 100 gravures sur bois, cartes et plans, Broché............ 7 fr. 50
Relié............ 10 fr. »
Il a été tiré, de ce livre, 20 exemplaires sur papier des manufactures impériales du Japon aux prix de........ 20 fr. »

BOULANGIER (Commandant). — *Nouvelle méthode de cartographie et les origines de la Méditerranée.* Ouvrage orné de nombreuses gravures et plans. In-8 de 200 pages............ 10 fr. »

CLAPPIER (J.). — *Au bout de l'Europe.* In-18 de 216 pages........ 3 fr. »

Congrès de Géographie, tenu à Paris en 1889, deux vol. de 400 pages. 20 fr. »

COUTAGNE (Dr Henry). — *Trois semaines en pays scandinaves.* 1 vol. in-18. 2 fr. 50

DESCHAMPS (Émile), chargé de mission scientifique par le ministre de l'instruction publique. — *Au Pays des Veddas.* Ceylan (Carnet d'un voyageur). In-8 de 500 pages avec 116 figures, d'après les croquis et photographies de l'auteur, et une carte............ 7 fr. 50
Ouvrage honoré d'une souscription par le Ministère du Commerce.

HARMAND (Jules). — *L'Inde de John Strachey,* préface et traduction de Jules Harmand, ministre plénipotentiaire. In-8 avec carte en couleurs....... 10 fr. »

JOUGLARD (S.). — *L'Univers et sa cause.* 1 volume in-18, ouvrage couronné par l'Institut............ 3 fr. 50

GIRARD, secrétaire de la Société de Géographie. — *La Géographie Littorale,* 1 volume in-8 raisin de 232 pages avec figures dans le texte. Prix.... 6 fr. »

MEYNIARD (Charles). — *Le second Empire en Indo-Chine* (Siam, Cambodge, Annam) précédé d'une préface par M. Flourens, ancien ministre des affaires étrangères. Un beau volume in-8, illustré de 22 gravures hors texte. Broché...... 7 fr. 50

MOSER (Henri). — *L'Irrigation en Asie Centrale,* étude géographique et économique, 1 volume in-8 de 380 pages avec une carte en trois couleurs.... 6 fr. »

PIOT (le Dr A.), médecin-major. — *Trois saisons à Hammam-Meskoutine,* in-8 de 172 p., orné de 10 gravures hors le texte.............. 4 fr.

POLIDORE (F.). — *Les mines d'or de l'Awa.* Guyane française. Brochure in-8 de 54 pages.............. 0 fr. 70

RÉGAMEY (Félix). — *La Bretagne ignorée. Panorama de Port-Blanc.* Texte et dessin de Félix Régamey, album format spécial.............. 2 fr. 50

SABATIER (Camille), ancien député de l'Algérie. — *Touât, Sahara et Soudan.* Étude Géographique, politique, économique et militaire, avec une carte en cinq couleurs. Un volume in-8 raisin. 6 fr. »

THOULET, professeur à la Faculté des Sciences de Nancy. — *Introduction à l'étude de la Géographie physique.* In-8 de 350 pages.............. 7 fr. 50
On lira avec intérêt cette introduction à l'étude de la géographie physique conçue dans un esprit dont il serait injuste de méconnaître l'originalité.
Ce volume est le meilleur prix de Géographie à offrir aux Lauréats des Sociétés et aux élèves des Lycées.

Bordeaux. — Imprimerie du MIDI, P. CASSIGNOL, 91, rue Porte-Dijeaux.

www.ingramcontent.com/pod-product-compliance
Lightning Source LLC
Chambersburg PA
CBHW050759170426
43202CB00013B/2493